Joëlle Kuntz

Schweizer Geschichte

einmal anders

Aus dem Französischen übersetzt
von Josef Winiger.

Mit freundlicher Unterstützung

schweizer kulturstiftung
prohelvetia

2. Auflage 2009

Tobler Verlag AG
Trogenerstrasse 80, 9450 Altstätten

Telefon	+41 (0)71 755 60 60
Telefax	+41 (0)71 755 12 54
E-Mail	books@tobler-verlag.ch
Internet	www.tobler-verlag.ch

ISBN 978-3-85612-174-7

Layout: Andrea Kuhn

Titel: *Die Landsgemeinde in Rothenthurm (Ausschnitt)*, 1838

Inhaltsverzeichnis

Lausanne.
Freybourg
Ensisheim
Staufen
Neuenburg
Schopfheim
Waldshut
Altkirch
Lorrach
Richen
Bâle
Sekingen
Rheinfelden
Lauffenburg
Montbéliard
Delle
Hofstetten
Liestall
Porentrui
Delemont
Laufen
Waldenburg
Aarau
Baume les Dames
Doubs R.
Besançon
Moutier
Tramelan
Aarburg
Zofingen
Soleure
Wangen
Langenthal
Herzogenbuchsee
Ornans
la Chaux de Fonds
Bienne
Nidau
Buren
Huttwyl
Willisau
Wynigen
Burgdorf
Valengin
Arberg
Neuchâtel
BERNE
Lac de Neuchâtel
Morat
Laupen
Konitz
Pontarlier
Concise
Granson
Fribourg
Payerne
Thun
Orbe
Yverdon
Moudon
Romont
Bulle
Cossonay
Morges
Lausanne
Rolle
Nyon
Gruyère
Charmey
LAC LÉMAN ou de GENÈVE
Vevay
Thonon
Evian
Villeneuve
Aigle
Douvaine
Genève
Carouge
St. Julien
St. Maurice
Sion
Martigny
Bonneville
Cluses
Sallenche
Annecy
Mont Blanc
Aoste
Doire R.
Constans
Brieg
Simplon
Varallo
D U C H É
R H I N
É T A T S
S A R D E

SUISSE.
Chapelle de Guill.e Tell près de Kusnacht sur le Lac de Zurich
Myriamètres.
10,000 M.t
1 2 3 4 5 6 7
Lieues de France de 25 au degré.
0 1 2 3 4 5 10 15
Milles d'Allemagne de 15 au degré.
0 1 2 3 4 5 10
Milles d'Italie ou Géographiques de 60 au degré.
WURTEMBERG
DE BADE
VORARLBERG
TYROL
ROYME LOMBARD VÉNITIEN
THURGOVIE
SAINT GALL
APPENZELL
SCHWITZ
GLARIS
GRISONS
TESSIN
VALTELINE
SCHAFFHOUSE
Donaueschingen
Danube Fl.
Tuttlingen
Eugen
Stockach
Ueberlingen
Ravensburg
Waldsee
Buchhorn
Lac de Constance
Lindau
Bregenz
Schaffhouse
Stein
Diessenhofen
Constance
Eglisau
Frauenfeld
Munsterlingen
Winterthur
Bischofzell
Arbon
Wyl
St Gall
Gossau
Trogen
Herisau
Appenzell
Altstätten
Rhin Fl.
Feldkich
Lech R.
Bludenz
Bulach
Kloten
Greiffensee
Zurich
Kusnacht
Meylen
Grüningen
Lichtensteig
Stafa
Lac de Zurich
Rapperschwyl
Horgen
Wadenschwyl
Richterschwyl
Lachen
Usnach
Werdenberg
Wesen
Wallenstadt
Vaduz
Balzers
Mayenfeld
Zug
Einsiedeln
Art
Yberg
Schwitz
Mollis
Glaris
Sargans
Schiers
Kublis
Zizers
Landquart R.
Schwanden
Flüelen
Altorf
Linthal
Coire
Closters
Dörfli
Tamins
Bonaduz
Ilanz
Trons
Silenen
Pix Rosa
Disentis
Tusis
Lenz
Abula R.
Pont du Diable
Gothard
Hinterrhein
Splugen
Andeer
Mt Abula
Süss
Zernetz
Inn R.
Glurns
Bergün
Sils
Faido
Biasca
Campo
Cevio
Magia
Locarno
Bellizona
Roveredo
Chiavenna
Sondrio
Adda R.
Magadino
Lugano
Bellano
Lac de Como
Mendrisio
Capolago
Como
Lecco
Varese
Arona
Lac Majeur
Tessin R.
Bergame
Adda R.

Seite 4–5: *Schweizerkarte aus dem Atlas der Geografie,*
C.V. Monin & A. Vuillemin, 185

Vorwort

Dies ist ein Buch für Neugierige. Sie werden auf ihre Kosten kommen. Die französische Schweiz hat das rasch begriffen. Das Werk von Joëlle Kuntz wurde von Biel bis Genf zu einem überwältigenden Erfolg. Das hat viele überrascht. Warum denn?

Es ist ein Buch über die Schweiz und ihre Geschichte, und da denken die meisten, das kennt man doch nun wirklich, und zwar seit Langem. Musste man es denn nicht lernen, damals, in den endlosen Schuljahren, und wurde man nicht darüber abgefragt und geprüft? Gewiss ist vieles inzwischen vergessen gegangen, aber es bleibt doch eine Vorstellung vom Ganzen im Kopf. Genügt diese denn nicht? Für die Einzelheiten sind ja die Historiker da. Sie zweifeln zwar an der Existenz von Wilhelm Tell und sind auch nicht sicher, was auf dem Rütli einst wirklich geschehen ist, aber weil sie diese Zweifel Jahr für Jahr in neuen Büchern ausbreiten, verhelfen sie gerade dadurch dem Schützen Tell und den Verschwörern auf der Wiese am Vierwaldstättersee zu einer gesicherten Präsenz im allgemeinen Bewusstsein. Den Westfälischen Frieden aber, der wegen der soliden Quellenlage von den Historikern nicht angezweifelt werden kann, kennt von tausend Schweizern kaum einer, obwohl die Schweiz durch ihn vom Deutschen Reich unabhängig und also erstmals wirklich selbständig wurde.

Eine Vorstellung vom Ganzen – hier liegt der entscheidende Punkt. Diese Vorstellung ist in Wahrheit ein Phantom. Es setzt sich zusammen aus diversen historischen Einzelkenntnissen, welche ziemlich unverknüpft in den Köpfen hausen, über die sich aber der rosige Schein einer alles umfassenden Überzeugung breitet: Die Schweiz, das sind 700 Jahre ungebrochener Freiheitswille, brüderliche Zusammengehörigkeit und tapfere Abwehr aller Feinde. Ganz falsch ist das ja nicht, aber auch alles andere als ganz richtig. Diese diffuse Vorstellung vom Ganzen genügt für die Festreden der Politiker und für den Bilderschmuck der Rathäuser. Sie hat also ihren Gebrauchswert im politischen Alltag. Ihr Nachteil ist nur, dass sie die Illusion nährt, man kenne die Geschichte der Schweiz tatsächlich und zur Genüge. Dadurch stirbt die Neugier ab. Jede Kultur lebt von der Neugier. Wo sie erlischt, verdorrt der Geist, und die Wüste wächst. Die Neugier ist eine der wunderbarsten Eigenschaften des Menschen. Ohne sie hätte er nicht überlebt auf dem unwohnlichen Planeten. Neugier ist der leidenschaftliche Wunsch, etwas zu wissen, was man gar nicht braucht. Was im Moment nichts nützt. Was man kennen möchte, einfach weil es existiert. Dass man dann das so Gefundene oft sehr wohl brauchen kann, dass die Entdeckungen aus purer Neugier die Welt verändern können und verändert haben, zeigt die Geschichte aller Wissenschaften. Dies sollte jenen Politikern eine Warnung sein, die immer lauter verlangen, dass mit Staatsgeldern nur noch über Dinge geforscht werden darf, deren Nützlichkeit im Voraus von einer paritätisch zusammengesetzten Kommission festgestellt worden ist.

Zur menschlichen Neugier gehört, dass sie nicht auszurotten ist. Sie taucht überall auf, plötzlich, unvorhersehbar. Selbst wenn etwas bis zum Überdruss bekannt scheint und alle sich davon abwenden, steht unvermittelt einer da und sagt: « Hoppla, da ist noch was, das habt ihr alle nicht gesehen! » Ein Neugieriger hat seine eigenen Fragen gestellt und hat Antworten bekommen, die das Bekannte neu, überraschend, faszinierend machen.

Eine Frau dieser Art ist Joëlle Kuntz. Sie hat nicht gedacht: Jetzt schreibe ich die endgültige Geschichte der Schweiz von den Höhlenbewohnern bis zu Micheline Calmy-Rey. Auch nicht: Jetzt schreibe ich ein Buch, in dem wirklich alles steht und das in jedem Haushalt seinen Platz finden soll, schwer wie die Bibel und ebenso ungelesen. Vielmehr hat sie eines Tages entdeckt, dass die verbreitete Vorstellung, man kenne ja die Schweizer Geschichte, eine kollektive Illusion ist und dass auf diesem scheinbar vertrauten Feld eine abenteuerliche Menge unbekannter, wenig bedachter und nie erwähnter Dinge zu finden und zu erzählen sind – wenn man nur neugierig genug ist und Vertrauen hat auf die Neugier der Zeitgenossen.

Für Joëlle Kuntz ist die Geschichte konkret. Sie forscht nicht nach jenem geheimnisvollen geistigen Kern der Schweiz, der ihre Entwicklung angeblich von innen gelenkt hat und sie zu dem hat werden lassen, was sie ist. Gesetzmässigkeiten zu suchen in der Geschichte führt immer in die Irre oder zu ideologischen Verblasenheiten. Der Zufall regiert hier weit mehr, als uns zu denken angenehm ist. Wir möchten auch im Gang der Geschichte Regeln erkennen, Planung und das sichtbare Wirken der Vernunft oder unseres grossartigen Nationalcharakters. Joëlle Kuntz kümmert sich wenig um diese Bedürfnisse. Sie fragt: Was ist in der Schweiz geschehen, in dieser Stadt hier und in jener dort? Und sie greift fröhlich die spannendsten Epochen heraus, um diese zu schildern und unsere Gegenwart darin zu spiegeln. So geraten die Städteporträts zu einer Hauptattraktion des Buches. In ihnen zeigt sich, wie sehr die Schweiz immer von ökonomischen Prozessen bestimmt und gesteuert war. Und mehr noch: wie sehr die fundamentale Wirklichkeit von Geld und Wirtschaft die Schweiz von den Anfängen an mit den umliegenden Ländern verknüpft hat. Die Urner, Schwyzer und Unterwaldner haben nicht abgeschlossen in ihren Bergtälern gehaust und still für sich von Milch und Käse gelebt. Sie waren vielmehr über den Alpenkamm hinweg auf die Lombardei und das Piemont ausgerichtet, haben ihren Käse über den Gotthard und via Brünig–Grimsel–Griespass nach Italien exportiert. Die Pässe hatten damals wie heute eine gesamteuropäische Funktion, und das liess sich damals wie heute nutzen und vermarkten.

Für Deutschschweizer ist es faszinierend zu sehen, wie dieses in der französischen Schweiz geschriebene Buch ganz selbstverständlich eine eigene Optik auf die Geschichte entwickelt. Die präzis geschilderte politische wie wirtschaftliche Vernetzung der Schweiz mit Frankreich – sei es über die Genfer Banken, sei es über die exportierten Söldnertruppen – verleiht der Schweizer Geschichte ein überraschend neues Profil. Joëlle Kuntz berichtet nichts, was man bisher überhaupt noch nicht gewusst hätte, aber sie mischt die Fakten anders auf und aktualisiert sie geschickt mit Blick auf das politische und kulturelle Heute.

Natürlich würde mancher die Akzente da und dort anders setzen, und oft findet man Dinge, die einem besonders wichtig sind, allzu flink abgehandelt. Man darf aber einem solchen Buch nicht vorhalten, was darin alles fehlt. Man muss es von dem aus beurteilen, was es einem gibt. Und das ist, auf so knappem Raum, eine ganze Menge. Dabei fällt nicht nur die Fülle konkreter Informationen ins Gewicht, sondern mehr noch die neuen Blickwinkel, die sich auf die Eidgenossenschaft eröffnen. Man lernt von Seite zu Seite und beachtet es kaum, so kurzweilig kann Joëlle Kuntz von diesem merkwürdigen, durch Zufälle, Glück und politische Kunst langsam zusammengeflickten Land, unserer Schweiz, erzählen.

Im Oktober 2008, Peter von Matt

Einleitung

Um ein Land zu erklären, muss man entgegen der Zeitrichtung arbeiten und vom Ergebnis aus, das bekannt ist, weil man es vor Augen hat – Territorium, Bevölkerung, Institutionen, Bruttonationalprodukt – durch die Epochen zurückgehen bis zu den Ursachen, wobei freilich Vorsicht geboten ist, denn diese Ursachen sind oft nicht verifizierbar und fast nie eindeutig zu bestimmen. Sie gelten nur annähernd, nicht absolut. Die Göttin der Geschichte ist auch Dichterin. Manchmal ist ihr weniger an endgültigen Wahrheiten gelegen als an Dingen, die ihren Jüngern zur Orientierung dienen und sie zusammenbringen. Die Abfolge der Ereignisse liefert nicht immer Stoff für das Verstehen, aber sie ist Erzählstoff, wobei die Erzählung je nach den Bedürfnissen anders ausfallen kann. Auch die Schweiz lässt sich eher erzählen denn erklären, sie errichtet sich aus ihrer eigenen Legende, und ihre grossen Momente sind Wegmarken des zeitlichen Werdens, an denen sich das kollektive Imaginäre festmacht.

Das vorliegende Büchlein soll dem Besucher des Landes eine Vorstellung davon vermitteln, wie die Schweizer ihre Schweiz «hergestellt» haben und wie sie dabei ständig unter dem übermächtigen Einfluss benachbarter und entfernterer Mächte standen, die bald ihre Feinde, bald ihre Verbündeten, bald ihre Verächter, bald ihre Bewunderer waren. Kein Land existiert für sich allein, selbst wenn es, wie die kleine Schweiz, eine Einzelexistenz führt.

Aus globaler Perspektive kann die Schweizerische Eidgenossenschaft erstaunen: sieben Millionen Einwohner, die vier verschiedene Sprachen sprechen (Deutsch, Französisch, Italienisch und das in Graubünden vertretene Rätoromanisch), wodurch sie zwei grossen europäischen Kulturtraditionen, der lateinisch-romanischen und der germanisch-deutschen, angehören, und alle leben sie unter demselben Staatsdach. Die rote Fahne mit dem weissen Kreuz ist ihre einzige Oberherrin. Ihr erlauben sie, als Garantin ihrer nationalen Freiheit, die vor allem eine kantonale und kommunale ist, auf dem Bundeshaus in Bern zu wehen. In diesem neoklassizistischen, aus wuchtigen Berner Molasseblöcken erbauten Palast sind 200 Vertreter der Kantone und 46 Vertreter der Kantons- und Halbkantonsstaaten mit etwas beschäftigt, was dieser eigenartigen Nation ganz und gar eigen ist, nämlich dem Bundeskompromiss, das heisst mit der mühseligen, endlosen und sich selbst genügenden Regulierung ihrer Meinungsverschiedenheiten.

Ob es um die Bereitstellung oder Umverteilung von Ressourcen, um soziale oder kulturelle Angelegenheiten, um Innen- oder Aussenpolitisches geht, die Volksvertreter lassen nicht locker, bis ein Kompromiss gefunden ist zwischen den fünf politischen Parteien, den drei grossen Sprachregionen, den 26 Kantonen und Halbkantonen, welche selbst wieder 3000 Gemeinden gegenüber verpflichtet sind. Und ist es so weit, muss auch das Volk einverstanden sein, denn durch das Instrument des Referendums (Volksabstimmung über vom Parlament beschlossene Gesetze) hat es bei fast allem das letzte Wort.

Schon die Regierung, die nicht regiert, sondern « berät » – sie heisst auch « Bundesrat » –, ist ein Kompromiss: Sie besteht aus sieben gleichrangigen « Bundesräten », die in fein austariertem Gleichgewicht die politischen Richtungen, die Regionen, die Religionen, die Sprachen und seit Kurzem auch die Geschlechter vertreten. Die erste Frau, die diesem so hochrangigen wie bescheidenen Kollegium angehörte, allerdings nur für kurze Zeit, war die Zürcherin Elisabeth Kopp. 1995 folgte ihr die Genferin Ruth Dreifuss, die, als die Reihe an ihr war, auch zwölf Monate lang «Bundespräsidentin» sein und als solche die Sitzungen des Bundesrats leiten und die Schweiz im Ausland vertreten durfte, eine Rolle mit grosser Symbolkraft, aber ohne irgendwelche institutionelle Macht.

Das ist also dieses seltsame Land, das sich verwalten, aber nicht regieren lässt; das eifersüchtig über Gewicht und Einfluss eines jeden seiner Teile wacht; das unermüdlich seine inneren und äusseren Übereinkünfte aushandelt, weil es sich auf keinen Fall etwas vorschreiben lassen will, das es nicht selbst beschlossen hat oder beschlossen zu haben glaubt; das den Konflikt hasst, weil es meint, er sei seiner Einheit abträglich und weniger seiner Bemühungen würdig als die Suche nach einer Lösung. Als erstes Land hat es auf den Einsatz des Krieges für sich selbst verzichtet, und es hat daraus eine Tugend gemacht. Es ist nicht pazifistisch, wie wir noch sehen werden, doch es misstraut den Führern mit ihren persönlichen Ambitionen, zumal wenn sie Kriegsherren sind. Bürgerliche Gleichheit (oder der Anschein davon) ist ihm wichtig und teuer. Wenn es einen General als Oberbefehlshaber braucht, wie am Vorabend des letzten Krieges, wählt es ihn mit Stimmenmehrheit seiner vereinigten Kammern und bittet ihn, gleich wieder zu gehen, wenn die Gefahr vorüber ist.

Kompromiss, Koalition, Übereinkunft, Mediation, Gleichgewicht, das sind die Schlüsselbegriffe der traditionellen Schweiz. Zusammen mit den Wörter Unabhängigkeit, Widerstand und Neutralität bilden sie eine nationale Philosophie, die auch eine Psychologie ist: Diese empfindliche Uhr mit so hoch kompliziertem Werk gibt man nicht jedem in die Hand, sie könnte zu leicht Schaden nehmen. Ihren Beitritt zum Völkerbund hat die Eidgenossenschaft 1920 mit hauchdünner Mehrheit beschlossen. UNO-Mitglied wurde sie erst 2002, nach ebenso knappem Abstimmungsergebnis. Vom Europäischen Wirtschaftsraum (EWR), den die Europäische Union praktisch für sie massgeschneidert hatte, wollte sie 1992 auch nichts wissen. Nun hat sie bilaterale Verträge mit der EU und den einzelnen Mitgliedsstaaten.

Die Schweiz hat Freunde, aber keine Bündnisse. Sie koexistiert mit den Nationen der Welt, aber sie tut sich mit keiner zusammen. Sie hat nur einen Bund, den ihren, den drei winzige Ländchen begründeten und den in den letzten siebenhundert Jahren erst dreizehn, dann fünfundzwanzig und schliesslich sechsundzwanzig Kantone besiegelten, um weder zu Österreich noch zu Frankreich noch zu Deutschland zu gehören.

Die Eidgenossenschaft sieht sich als « Willensnation », als Werk ihrer zusammengeschlossenen

Bevölkerungen, die sich gegenseitig füreinander entschieden haben, während ringsherum Monarchen selbstherrlich über Territorien und Bevölkerungen verfügten. Das ist zwar ein der historischen Wirklichkeit aufgeklebtes Bild, doch dieses Bild ist mit der Zeit zur positiv gewollten Staatsform geworden.

Diese Form wurzelt in den Gemeindefreiheiten des Mittelalters, die sich auf dem Gebiet der Schweiz erhalten konnten dank einer Geografie, die einerseits Vorteile bot, denn man hielt die Alpenübergänge, andererseits behindernd war, denn die Täler waren so schwer zu bewirtschaften wie zu erobern.

Im schweizerischen Gründungsmythos, wie er seit dem 16. Jahrhundert erzählt wird, besiegt der Bauer und Jäger Wilhelm Tell seinen Feind, den österreichischen Vogt, dank seiner perfekten Geländekenntnis, seinem absolut sicheren Umgang mit der Natur, seiner Geschicklichkeit und vor allem seiner überlegenen Körperkraft. Um dieselbe Zeit streben auch andere Völker nach Freiheit, doch nicht alle haben die Robustheit der Schweizer Bauern, um sie zu verteidigen. Dieser Tell, wie ihn Ferdinand Hodler im 19. Jahrhundert meisterhaft malte, strotzt nicht nur vor Kraft, er ist ein Koloss.

Wilhelm Tell, Ferdinand Hodler, 1896/97

Sein die menschlichen Dimensionen fast sprengender Männerkörper tritt im Imaginären der Schweiz an die Stelle der Königsgestalt bei den Nationen, die sich um eine Dynastie sammeln.

Doch gleichzeitig verkörpert er ein Gesundheits- und Lebensideal, dem nachzueifern nicht unmöglich ist, weshalb die Schweizer auch heute noch sonntags unter Einsatz ihrer Muskelkräfte Berge erklettern. Körperlich fit sein, an sich arbeiten, sich gesund ernähren und für das Wohlbefinden sorgen, all diese in der heutigen Schweiz so kultivierten Werte haben ihre Wurzeln in der Bilderwelt der nationalen Urmythen. Vielleicht haben sie auch einen Anteil an der Faszination, die das Land und sein System auf die Besucher von auswärts ausüben. Reisen diese hierher, um die Schönheit der Alpen zu bewundern, versprechen sie sich Heilung von der gesunden Luft? Oder möchten sie dem noch erkennbar archaischen Charakter der Landschaft und dem Schweizer Modell ein bisschen Sehnsucht nach dem eigenen Körper und seinen verlorenen Freiheiten abgewinnen?

Die Schweiz wird ja manchmal als «Sanatorium der Welt» bezeichnet. Im 21. Jahrhundert ist das Volk immer noch «der» Souverän, über dem Parlament, über der Regierung stehend. Es delegiert seine Entscheidungskompetenz nur unter der Bedingung, dass in seinem Sinne entschieden wird. Andernfalls hat es jedes Recht, Einspruch zu erheben. Die Diskussion um Sinn und Wert des Schweizer Modells hat nie nachgelassen. Sie begleitet die grossen Strömungen des modernen Denkens, vor allem seit der Romantik und dem Aufkommen des Nationalismus, als es darum ging, die Legitimität der Nationen gegenüber einem Reich und der freien Bürger gegenüber feudaler Herrschaft zu behaupten. Soll man das Beispiel der Eidgenossenschaft nachahmen oder im Gegenteil verwerfen, weil es sich durch geistige Enge und enttäuschende Utopielosigkeit diskreditiert? Eine eindeutige Antwort gibt es nicht. Doch es steht fest, dass seit der Zeit der Aufklärung das schweizerische Denken in den europäischen Gesellschaften, in denen es Emanzipationsbestrebungen gab, etliches Gewicht hatte. Der Genfer Bürger Rousseau trug die Grundüberzeugungen seiner Stadt nach aussen, obwohl sie ihn schmählich behandelte. Die von Schiller kraftvoll neu gedeutete Tell-Legende lieferte den Aufrührern in den Monarchien ein von Paris bis nach Sankt Petersburg wirksames Vorbild des «Freiheitskämpfers». Und im 19. Jahrhundert, als der Bundesstaat nach und nach konkrete Gestalt annahm, führten die inspirierten und scharfzüngigen Kommentaren eines Tocqueville den gebildeten Schichten die Vor- und Nachteil vor Augen. Stets war die Diskussion auch von starken ethischen Erwägungen geprägt, denn die Menschen hier fühlen sich ihrer Landschaft zugehörig. Zu den Forderungen nach Regeneration, Befreiung und Reformen gesellte sich der Ruf nach einer neuen Haltung der Natur gegenüber, und das Schweizer Bergland bot wenn nicht das Beispiel, so doch den Vorwand dafür.

Die helvetische Pastorale (ländlich-idyllisches Musikstück) vereinte die nötige Unerhörtheit, Kraft und Schönheit, um die gequälten Gemüter Europas zu entflammen. Kaum hatten Vertreter der schreibenden Zunft sie erwandert und das vordem stumme unendliche Schauspiel in Worte und Verse gegossen, bescherten die Alpen, dieser einstige locus terribilis, den Reisenden jene Mischung aus Entsetzen und Entzücken, wie sie das moderne Nachdenken über unser Menschsein kennzeichnet. Turner hatte schon die in der düsteren Schöllenenschlucht im Gotthardmassiv die Reuss überspannende Teufelsbrücke gemalt, als Victor Hugo auf der Rigi das « Festmahl der Berge, der Wolken und der Sonne » genoss. Sich an einem der Schwachsinnigen stossend, von denen es in dieser jodarmen Landschaft viele gab, empfand der Dichter diese « erschreckende Antithese: der Mensch im Gegensatz zur Natur, die Natur in ihrem prachtvollsten Auftritt, der Mensch in seiner erbärmlichsten Positur. Was mag der Sinn dieses geheimnisvollen

Kontrastes sein? Es ist nicht jedweder Intelligenz gegeben, von morgens bis abends ohne Geblendetsein und ohne Bestürzung den Blick fünfzig Meilen weit in einem Umkreis von dreihundert schweifen zu lassen.»

Unsere Zivilisation lernte damals den Umgang mit der Höhe. Während Victor Hugo in der Schweiz herumreiste, konzipierte der elsässische Ingenieur Maurice Koechlin, der in Zürich am Polytechnikum studiert hatte, den Eiffelturm. Es ist eine hübsche Pointe, dass gerade um diese Zeit mitten in Paris ein stählernes Matterhorn entstand, damit die Touristen aus der ganzen Welt ohne jede Anstrengung das Schwindelgefühl erleben konnten.

All diese politischen und ästhetischen Berührungen haben Bindungen geschaffen. Die Schweiz ist keine terra incognita mehr. Doch es kann ganz nützlich sein zu erfahren, was um ihre Seen und Berge passiert ist, dass so viel Neugier aufkommen konnte.

Das folgende Exposé berücksichtigt nicht alle Episoden der Schweizer Geschichte. Es beschreibt die signifikantesten Momente, jene, die das Zusammenleben, die Kultur und die politische Mentalität des Landes entscheidend prägten. Es streift nur flüchtig das Mittelalter und setzt mit der Renaissance ein, von der aus die weitere Entwicklung bis zur Entstehung des Nationalstaats skizziert wird. Es erläutert anschliessend die Grundzüge der Wirtschaft des Landes und entwirft dann ausführlichere Porträts der wichtigsten Städte, die für die Entwicklung der Geschäfte und der Ideen bestimmend waren.

Ein Blick in die Geschichte

Einige Vorbemerkungen zu Geografie und Ortsnamen, ohne die sich die Schweiz nicht verstehen lässt

Die Helvetier sind ein keltischer Volksstamm, der 58 v. Chr. von Julius Cäsar mit Militärgewalt zwischen dem Jura und den Alpen angesiedelt wird, um die Rheingrenze gegen Germaneneinfälle zu sichern. Sie erfüllen diese Aufgabe getreulich, bis gegen Ende des 5. Jahrhunderts die Alemannen kommen und dem römische Helvetien ein Ende bereiten.

Schwyz (wovon sich Schweiz, Suisse, Switzerland ableitet) ist ein kleines Ländchen in den Zentralalpen; zusammen mit seinen Nachbarn Uri und Unterwalden kontrolliert es den Zugang zum Gotthardpass, der Italien und Deutschland verbindet. Seitdem die Schöllenenschlucht – vermutlich um 1220–1230 – mit einem Steg und einer Brücke (der «Teufelsbrücke») passierbar gemacht wurde, verkehren immer mehr Menschen und Waren auf diesem Weg. Gegenüber den alten Übergängen in Graubünden und dem Grossen Sankt Bernhard im Westen verkürzt er die Reisezeit zwischen Nord- und Südeuropa beträchtlich.

Der Kampf um die Kontrolle des Gotthardpasses spielt sich von Anfang an, also schon zu Beginn des 13. Jahrhunderts, vor dem Hintergrund von Rivalitäten in grossem Massstab zwischen drei Kontrahenten ab: dem römisch-deutschen Kaiser, dem Papst sowie den Habsburgern, einem ursprünglich im schweizerischen Aargau beheimateten, durch zwei bedeutende Erbschaften zur Grossmacht gewordenen Adelsgeschlecht.

Der Kaiser hat ein Interesse daran, dass die Wege zwischen seinen beiden Kronen, der Königskrone in Deutschland und der Reichskrone in Rom, offen und leicht begehbar sind. Der Papst ist besorgt über den Reichtum Mailands und der Lombardei, der durch den Handelsweg über den Sankt Gotthard weiter wächst. Die Habsburger wollen den Zugriff auf die Gewinne, die auf der Nordhälfte der Route in die Taschen der « Waldstätte » fliessen.

Lokal belebt das Säumerwesen die gesamte Wirtschaft der Täler, von Mailand bis nach Luzern, Zürich und Basel: Örtliche Abgaben, Verpflegung, Beherbergung und Saumkolonnenführung bringen Wohlstand in die Region, die, wo immer möglich, die Mächtigen fernzuhalten trachtet, damit keiner von ihnen den gewinnträchtigen Handel mit Beschlag belegt, ihn behindert oder gar versucht, mit einer Blockade einen Gegner zu treffen.

Die Geschichte der Schweiz ist also eng mit dieser politischen Ökonomie der Alpenpässe verknüpft. Das Streben nach optimalen Voraussetzungen für einen ungehinderten Handel ist eine Konstante der historischen Erfahrung der Schweiz, angefangen im 13. Jahrhundert, als die drei an der Gotthardroute gelegenen Urkantone einen gegenseitigen Beistandspakt schliessen, bis heute, wo die Welthandelsorganisation ihren Sitz in Genf hat, was auch als diskrete Reverenz an die Schweiz für ihre siebenhundertjährige Kompetenz in Sachen Handel zu sehen ist.

Die Schweiz in der Zeit der Renaissance

Nach diesen Vorbemerkungen wollen wir direkt ins 16. Jahrhundert springen und durch den Vergleich mit der historischen Konstruktion Frankreichs die historische Konstruktion der Schweiz veranschaulichen; beide Konstruktionen sind mit dem Blut verbunden, das 1515 in der Schlacht von Marignano floss und in den Erfahrungen beider Länder eine gewaltige Spur hinterlässt.

Die Normalität der französischen Geschichte, die zu dieser Zeit die Mentalitäten prägt, ist die der territorialen Ausdehnung, angestrebt vom Monarchen in der Person Franz I., der sich als Erbe einer von Ludwig XI. ausgehenden Devise sieht, die lautet: das Reich vergrössern, die königliche Autorität festigen, die Regierung zentralisieren, die Macht der Provinzfürsten namens einer das Land einigenden nationalen Vision beschneiden.

Im Gegensatz dazu bietet die Schweiz in den ersten Jahrzehnten des 16. Jahrhunderts das Bild eines zusammengewürfelten Haufens von dreizehn kleinen Kantonen, der mehr von den Umständen und von Kollektivinteressen kommunaler Art als von staatlichen Ambitionen zusammengehalten wird. Begründet wurde sie von den drei sogenannten Urkantonen der Zentralschweiz, Uri, Schwyz und Unterwalden; diese beschworen 1291 einen ersten gegenseitigen Beistandspakt, um ihre Unabhängigkeit und ihre Privilegien gegen das Haus Habsburg zu verteidigen und sich innerhalb des Deutschen Reichs römischer Nation die Anerkennung zu sichern. 1332 schloss Luzern sich den Dreien an und bescherte ihnen am Ausgang der Gotthardroute den ersten städtischen Markt, 1331 kam Zürich hinzu, 1352 durch Annexion Glarus und Zug, im Jahr darauf das mit Zürich rivalisierende Bern, das seinen Einfluss lieber als Mitglied der Eidge-

Der Rütlischwur, Jean-Léonard Lugardon

nossenschaft denn von aussen auszuüben gedachte. Zu acht hätten diese ohnehin stark mit sich selbst beschäftigten Kantone oder « Orte » sicherlich genügt, wenn nicht Karl der Kühne als Herzog von Burgund von einem grossen Reich geträumt hätte, das sich auf dem ehemaligen Gebiet Lotharingiens zwischen Frankreich und Österreich erstrecken

Karl der Kühne

sollte. Die Kantone sahen darin eine Bedrohung ihrer Interessen und begaben sich, Selbstverteidigung geltend machend, auf den Kriegspfad. Als robuste Fusssoldaten besiegten sie den Herzog, der mit so etwas nicht gerechnet hatte. Sie vergrösserten ihr Territorium und begannen eine Bündnispolitik. Ihre militärischen Erfolge (1476 bei Grandson und bei Murten, 1477 bei Nancy) hatten ihnen zu hohem Ansehen auf dem Kontinent verholfen und reiche Beute gebracht, aber auch zu schweren inneren Zerwürfnissen geführt, in deren Gefolge sie die Franche-Comté und die Niederlande zu einem Spottpreis an Österreich verkauften und Burgund an Frankreich abtraten. Zwei weitere Kantone, Freiburg und Solothurn, wurden nach einigem Hin und Her als neue Eidgenossen aufgenommen. Zu zehnt waren sie im Norden noch einmal siegreich im Schwabenkrieg gegen Maximilian I., was ihnen die faktische Unabhängigkeit vom Reich bescherte, dessen Untertanen sie formell noch waren. Bei dieser Gelegenheit gewannen sie mit Basel und Schaffhausen zwei weitere Bundesgenossen (1501). Im Süden hatten sie das Herzogtum Mailand erobert, um den Verkehr über den Gotthardpass zu kontrollieren. 1513 nahmen sie Appenzell als dreizehnten Kanton auf.

Doch 1515 folgte Marignano, sie hatten ihre erste grosse Niederlage vor den Toren Mailands gegen Franz I. erlitten, der sie gegeneinander ausgespielt hatte. Ihre legendären Haufen waren der Artillerie des französischen Herrschers nicht gewachsen. Und vor allem hatte sie ihre Siegesgewissheit verlassen. 1516 schlossen sie in Freiburg einen « Ewigen Frieden » mit Frankreich, das fortan auf ihr Schicksal einen bestimmenden Einfluss nehmen sollte.

Eine zukunftsträchtige Entscheidung: Nach Marignano verzichten die Dreizehn Orte auf den Eroberungskrieg

Während Frankreich zu Beginn des 16. Jahrhunderts – nicht anders als die Monarchien Spaniens, Österreichs und Russlands – seine expansionistischen Bestrebungen vorantreibt, geben die Dreizehn Orte die ihren auf. Die Zeichen der Zeit stehen auf Eroberung, auf Entdeckung neuer Seewege. Keiner, der nicht von Grösse träumte. Machiavelli ist sich sicher, dass die Schweizer wieder kommen werden und « bei der ersten Gelegenheit Mailand nehmen, um dann bei der zweiten Gelegenheit ganz Italien zu erobern und unter ihre Herrschaft zu bringen ».

Doch Machiavelli irrt. Im Vertrag mit Frankreich vom 29. November 1516 geben die Eidgenossen Mailand und das Val d'Ossola auf und begnügen sich mit dem Tessin, das sie offiziell behalten dürfen. Sie schenken nun den Worten des Einsiedlers Nikolaus von Flüe Gehör: « Mischt euch nicht in fremde Händel! – Zieht den Zaun nicht zu weit! » Die momentane Stimmung bewahrt sie davor, auf andere zu hören, auf Matthäus Schiner zum Beispiel, den Bischof von Sitten und brillanten Sekretär von Papst Julius II., der sie an der Seite des Kaisers und Roms in die grosse europäische Poli-

Nikolaus von Flüe,
Maurice Barraud

tik hineinziehen will. Ihr Nein zu Eroberung und territorialer Expansion ist definitiv, und es ist eine Entscheidung von grosser Tragweite für die gesellschaftliche und politische Landeskultur. Mehrere andere Länder sind irgendwann in ihrer Geschichte vor einer ähnlichen Entscheidung gestanden. Zur selben Zeit bauen zum Beispiel die Portugiesen ihre Segelschiffe, um die Welt zu erkunden; auch sie haben einen legendären Gottesmann, den (von Camões in seinen Lusiaden abgebildeten) « Alten

Matthäus Schiner,
Öl auf Leinwand,
16. Jahrhundert

Mann von Restelo», der sie beschwört, zu Hause zu bleiben, wo sie den Verlockungen des Ruhmes und des Geldes nicht ausgesetzt seien. Sie stechen gleichwohl in See.

Die Schweizer dagegen beschliessen, zu Hause zu bleiben. Sie haben keinen König, der sie zu Waffentaten ruft, sie wollen einen solchen auch gar nicht: Wohl sind sie Vasallen des Reichs, doch sie betrachten sich nicht als Untertanen. Der Kaiser soll ihr Beschützer sein, aber nicht ihr Gebieter. Für den Fall, dass dieser Kaiser gleichzeitig Oberhaupt des Hauses Österreich werden sollte und als solcher über sie gebieten will, muss er mit Krieg rechnen – Verteidigungsfall.

Im Inneren jeder für sich

Als Soldaten haben die Eidgenossen Glanzleistungen vollbracht, als Innenpolitiker waren sie miserabel. So heroisch ihr 15. Jahrhundert auf dem Schlachtfeld war, so desaströs war es für die Organisation ihres Staates. Ihr Freiheitswunsch, der sie den grössten Mächten der Zeit die Stirn bieten liess, erweist sich als verheerend für den inneren Zusammenhalt. Jeder Kanton handelt auf eigene Faust, ohne Rücksicht auf eine Einigungsperspektive, sogar oftmals direkt gegen sie.

Nach ihrer historischen Entscheidung, mit Frankreich und Österreich nicht mehr militärisch konkurrieren zu wollen, sondern mit beiden Frieden zu schliessen, müssen sie sich endlich um ihre inneren Angelegenheiten kümmern. Und hier stehen gewiss nicht nur Nebensächlichkeiten an. Noch immer, und stets von Neuem, stellt sich die grosse Frage der Freiheit und der Gerechtigkeit, die einst die Bauern der drei Urkantone gegen die Österreicher aufstehen liess, denn an die Stelle Letzterer sind inzwischen andere, inländische Herren getreten. Unter dem Deckmantel der Reformation wird die Frage wieder virulent (ansteckend). Rechtlich ist die Schweiz des beginnenden 16. Jahrhunderts ein Reichsgebiet. Sie geniesst das Privileg der « Reichsunmittelbarkeit », das heisst, sie untersteht direkt und ohne Zwischeninstanz dem Kaiser. Unter sich haben die dreizehn selbständigen Kantone eine Reihe von Abkommen abgeschlossen, an die sie sich mehr oder weniger nach eigenem Gutdünken halten. Gemeinschaftlich regieren sie die « Gemeinen Herrschaften », die stets mehreren Kantonen, jedoch in keinem Fall allen gehören. Sie sind alliiert mit Städten, Bistümern, Abteien und Herrschaften, was die juristische Struktur ausserordentlich verkompliziert.

Diese Schweiz ist ein **katholisches Land,** dem Papst ergeben, dem sie auch mehrfach militärisch beigestanden hat. Ihr Katholizismus ist allerdings weniger fromm als politisch. Zu dieser Zeit entscheidet man sich für eine Religion nicht individuell, man hängt jener an, die der Staat wählt, sei dieser nun ein Kanton oder ein König.

Wirtschaftlich ist sie durch die Beute ihrer Feldzüge reich geworden, und es kommen die Einkünfte aus den Fremden Diensten hinzu. Diese schweizerische, in dieser Form in Europa einmalige Einrichtung ermöglicht es, komplette Bataillone an fremde Staaten zu vermieten: an Frankreich, an den Papst, an beide gleichzeitig, an Schweden, an einen beliebigen anderen Abnehmer – wir kommen noch darauf zurück. Doch diese Schweiz ist überbevölkert und der Reichtum ist ungleichmässig verteilt. Die Städte mit ihrer Industrie und ihrem Handel sind wohlhabender als die ländlichen Gegenden, wo nicht mehr jeder ein Auskommen findet und man auf das Geld aus dem Solddienst der jungen Männer angewiesen ist, die in die militärische Emigration gegangenen sind.

Kulturell ist sie ein **alemannisches Territorium,** also grösstenteils deutsch in verschiedenen Dialekten sprechend. Genf und das Waadtland gehören noch nicht dazu. Die Kleriker und die Gelehrten schreiben zumeist lateinisch. Basel besitzt eine bereits berühmte Universität, 1460 im Gefolge des Konzils gegründet, das von 1431 bis 1449 alles, was es im Reich und in der Kirche an Koryphäen gab, in die Rheinstadt strömen liess.

Politisch ist diese Eidgenossenschaft der Renaissance gespalten zwischen einer städtischen Lebensweise, die mit den grossen europäischen Strömungen mitgeht, und dem traditionsgebundenen Leben der Bauern. Ihr gemeinsames Organ, die Tagsatzung, hat keinerlei Entscheidungsbefugnis, deren Hauptaufgabe liegt in der Festsetzung der Rechte und Freiheiten in den Gemeinen Herrschaften. Die eigentliche Regierungsgewalt liegt bei den Kanto-

nen, wo kleine Oligarchien die Macht an sich gezogen haben und Recht sprechen, Steuern festsetzen und Truppen ausheben. In den Städten rekrutieren sie sich aus dem Handels- und Industriebürgertum, oftmals in Opposition zur Aristokratie der alten Geschlechter. In den ländlichen Kantonen haben alteingesessene Familien das Sagen; sie bestimmen das Geschehen an den «Landsgemeinden», jenen Versammlungen unter offenem Himmel, bei denen per Handzeichen abgestimmt wird. Nicken die Teilnehmer längst Beschlossenes ab oder bekunden sie ihre Freiheit? Die nationale Mythologie weicht der Frage aus, sie bewertet die Landsgemeinden als Urtypus der direkten Demokratie der Schweiz.

Die Reformation versetzt die städtische Schweiz in Aufruhr – im Namen des Volkes und des Fortschritts

Als das 16. Jahrhundert beginnt, murrt das Volk fast überall. Die Preise sind zu hoch, die unbeschäftigte Jugend muss auswärts nach Arbeit suchen, die Bürger und die Klöster sind zu reich, der Sittenzerfall allgemein. Vor allem der katholische Klerus missbraucht seine Stellung: Man muss ihm allerlei Zehnten und Abgaben entrichten, und bei

Seite 38–39: *Die Landsgemeinde in Rothenthurm, 1838*

Ulrich Zwingli,
(anonym)

immer mehr Amtshandlungen steht weniger das Seelenheil als das Geld im Vordergrund. « Ablässe », eine Art jenseitige Bonuspunkte, die dem Sünder den Aufenthalt im Fegefeuer verkürzen und ihn schneller ins Paradies bringen sollen, gibt es nicht gegen irgendwelche Gebete oder Bussübungen, sie werden verkauft. Das ist kirchenweit seit mehreren Jahrzehnten so. Das Volk lässt sich die Dreistigkeiten des Klerus gefallen und zahlt.

Warum gerät 1519 ganz Zürich in Aufruhr, als der Leutpriester am Grossmünster, Ulrich Zwingli, von der dortigen Kanzel herab gegen diesen Ablasshandel wettert? Warum entfacht seine scharfe Kritik am Verhalten des Klerus im deutschen Sprachraum mehr Zorn als im romanischen? In den Städten mehr als auf dem Land?

Die Historiker und Soziologen, die sich mit der Frage befasst haben, verweisen auf den Geist des aufkommenden Kapitalismus mit dem ihm innewohnenden Individualismus, der die klerikale Willkür nicht mehr hinnimmt. Zürich ist zu dieser Zeit tatsächlich die wirtschaftliche Hauptstadt der dreizehn Schweizer Kantone, es ist die wichtigste Handelsstadt mit der grössten Offenheit für andere Ideen.

Doch nicht weit davon entfernt übt eine andere Stadt ihren Einfluss auf die katholischen Eliten aus: Basel, die geistige Hauptstadt des Landes, die Stadt des « Fürsten der Humanisten » Erasmus, die Stadt des « Königs des Buchdrucks » Johannes Froben, von Hans Holbein, dem repräsentativsten Maler der deutschsprachigen Renaissance, von Konrad Witz, der als einer der Ersten eine Staffelei benützte. Sein Gemälde *« Der wunderbare Fischzug »*, das im Musée d'Art et d'Histoire von Genf hängt, ist die älteste Darstellung einer biblischen Szene mit einem realem Landschaftshintergrund.

Das Bild des schwäbischen Künstlers, ein Auftragswerk für den Hochaltar der Kathedrale Saint-Pierre von Genf, zeigt Christus, wie er den Aposteln in ihrem Fischerboot erscheint. Der angebliche

Der wunderbare Fischzug, Konrad Witz

See Genezareth ist der Genfersee, hinter ihm erhebt sich als markanter Gipfel Le Môle vor einer Vielzahl verschneiter Gipfel – das Mont-Blanc-Massiv.

In Basel versammeln sich Theologen, Literaten, Mathematiker und Künstler aus ganz Europa, die für die Dekadenz der römischen Kirche in Lehre und Praxis nur Verachtung übrig haben. Dieses Milieu ist empfänglich für alles Neue auf dem Gebiet der Physik und der Astronomie. Gleichzeitig knüpft es an die von der lateinischen Tradition verschüttete griechische Antike wieder an und begeistert sich für Philosophie und Weisheit des Altertums. Der Zürcher Ulrich Zwingli ist davon inspiriert. Er kennt Erasmus. Er bewundert seine Lektüre der Bibel, seine spirituelle Gläubigkeit, die nicht der Verführung kirchlicher Riten erliegt. Seinerseits pflichtet Erasmus Zwinglis Predigt im Grossmünster bei, er hat schon dem « Protestanten » Martin Luther zugestimmt, der mit derselben Ablassfrage eben in Deutschland die katholischen Theologen herausgefordert hat. Die Reform der Kirche ist für die humanistischen Intellektuellen unerlässlich und vordringlich. Ihre Auffassung vom Menschen beinhaltet auch, dass diesem die Verantwortlichkeit für seine Entscheidungen, also auch für seine Glaubensauffassungen, zurückgegeben wird. Sie sind der Meinung, dass der Christ sich nicht blind, sondern durch freie, vernunftbestimmte Entscheidung an Gott bindet. In der geistigen Landschaft insgesamt vollzieht sich ein Umbruch, zunächst noch innerhalb der Kirche, mit der die ersten Reformatoren auch gar nicht brechen wollen. Wenn dieser Umbruch schliesslich – nach der Abspaltung der Ostkirche – zum zweiten grossen Schisma (Kirchenspaltung) führt, dann deshalb, weil Rom und der Kaiser von der Heftigkeit der Bewegung überrumpelt werden und, von ihr überfordert, zahllose Ungeschicklichkeiten begehen. Ihre Unbeweglichkeit liefert den deutschen Fürsten die politische Chance, unter religiösem Vorwand die kaiserliche Bevormundung loszuwerden.

In der Schweiz sieht das städtische Bürgertum mit der Reformation den Augenblick gekommen, um letzte Reste feudaler Souveränität abzuschütteln. Der volkstümliche und unmittelbare Erfolg der Predigten Zwinglis wird sich mehr als drei Jahrhunderte lang auf das Schicksal der Eidgenossenschaft auswirken und mehrfach sogar ihre Existenz gefährden, um schliesslich in die komplizierte Konstruktion zu münden, die wir heute haben. Durch das Beispiel Martin Luthers hat Zwingli erkannt, dass ein gewöhnlicher Priester der Kirche öffentlich widersprechen kann. Er predigt gegen das Söldnerwesen, gegen die Privilegien der Klöster, gegen die Kirchensteuer, gegen die Sittenlosigkeit des Klerus, gegen die Bestechlichkeit. Sowohl die Reichen als auch die unteren Gesellschaftsschichten zollen ihm Beifall. Innerhalb von zehn Jahren nehmen fünf Schweizer Städte, die der Eidgenossenschaft angehören oder als « zugewandte Orte » mit ihr verbündet sind, Zwinglis Reformation an und oktroyieren sie ihren Untertanengebieten auf. Bei diesen Konversionen spielen taktische Erwägungen mit: Bern will Zürich nicht die alleinige Führungsrolle in der Bewegung zugestehen; St. Gallen strebt nach einer

Loslösung vom Kloster; das unabhängige Genf nähert sich den schweizerischen Reformierten an, um sich der Macht seines Bischofs und den Annexionsversuchen des Herzogs von Savoyen zu entziehen. Sogar Basel, die so um Mässigung bemühte Stadt, entscheidet sich unter dem Einfluss des wortgewaltigen Predigers Johannes Oekolampad schliesslich für die Reformation, worauf Erasmus und sein Kreis die Stadt verlassen und woanders Zuflucht suchen müssen. In den ländlichen Kantonen zumal der Zentralschweiz, wo der Klerus volksnaher geblieben ist und die Söldnerdienste nicht als Geissel, sondern als Überlebensmöglichkeit gesehen werden und auch die Obrigkeit weniger bestechlich ist, erscheint die Reformation als das Werk des Teufels. Priesterheirat, Bildersturm, veränderte Messe ohne Latein und gregorianischen Choral, das alles gilt als Häresie (Ketzerei). Als das neue Bekenntnis auch noch den Gemeinen Herrschaften mit Waffengewalt aufgezwungen werden soll, rücken die Katholiken zusammen, um dem Unglauben entgegenzutreten. Der Zürcher Pastor Jakob Kaiser, der in Schwyz die Grundzüge des reformierten Gottesdienstes erläutern soll, wird von einem Schwyzer Kommando gefangen genommen und auf den Scheiterhaufen geschleppt, wo er den Flammentod stirbt. Der Religionskrieg im europäischen Massstab kann beginnen.

Religionskriege zwischen der Arbeit der Menschen und dem Dienst an der Kirche

Die Renaissance hat das europäische Feudalwesen in der Praxis nicht restlos beseitigt, ihm aber doch die Legitimität entzogen. Die Kriege des ausgehenden Mittelalters, mit denen sich die Mächtigen zweihundert Jahre lang um den persönlichen Besitz von Ländern und Völkern stritten, hatten kein vertretbares Motiv mehr. Doch während jetzt die grossen Dynastien dabei sind, ihre Macht auf den greifbaren Ergebnissen ihrer Feldzüge zu konsolidieren und ihren Staat zu organisieren, facht dieselbe Renaissance das Feuer des Hasses und der Rivalitäten mit einem neuen Zündstoff an: dem Zwist um die religiösen Anschauungen.

Die Humanisten hantieren mit einer hochexplosiven Materie, nämlich der Frage, was Gott ist und was der Mensch, und dies in einem kulturellen Umfeld, das noch in den traditionellen Glaubensvorstellungen verharrt. Der Gott des einfachen Volkes flösst immer noch Angst und Schrecken ein. Genauso wie der Teufel, der in besessene Männer und Frauen fahren und sie sich dienstbar machen kann und den es aufzuspüren und zum Wohle aller den Flammen zu überantworten gilt. Die neuen Protestanten sind nicht besser: Zwingli verfolgt mit grausamen Methoden die pietistischen Wiedertäufer, die den religiösen und gesellschaftlichen Wandel bis zur letzten Konsequenz treiben wollten.

Die Religion des 16. Jahrhunderts kann nicht hinnehmen, dass Gott mehrere Wege bereithalten könnte, die gleichermassen zu ihm führen. Die Intoleranz ist die Regel. Auf die Unerbittlichkeit der katholischen Inquisition folgt also die Unerbittlichkeit von Reformation und Gegenreformation.

Frankreich erlebt es nicht anders. Für mehr als ein Jahrhundert gleicht seine Geschichte einer Abfolge von Religionskriegen. Heinrich IV. befriedet 1598 das Land mit dem Edikt von Nantes, das jedoch 1685 von Ludwig XIV. widerrufen wird, worauf es zum Aufstand der kalvinistischen Hugenotten in den Cevennen kommt. Dieses Jahrhundert der Verfolgungen führt dazu, dass Teile zunächst der Elite, dann der protestantischen Bevölkerung Frankreichs in die Schweiz einwandern; diese ist erst Zufluchtsort, wird aber bald zur Heimat dieser Menschen, die ihre Fähigkeiten und ihr Vermögen einbringen. Frankreich hat, wie wir sehen werden, in mehr als einer Hinsicht zur « Herstellung » der Schweiz beigetragen; eine davon war, ihr einen Zuwachs an menschlicher Intelligenz zu bescheren, auf die der Sonnenkönig verzichten zu können glaubte.

Von den dreizehn Kantonen der Eidgenossenschaft haben sich vier für die Reformation entschieden: Zürich, Bern, Basel und Schaffhausen. Sechs – Luzern, Zug, Freiburg sowie die drei Urkantone Schwyz, Uri und Unterwalden – haben sie verworfen. Drei zögern noch: Glarus, Appenzell und Solothurn.

1529 kommt es zu einem ersten Krieg, 1531 folgt ein weiterer, bei dem Zwingli fällt. Die Katholiken haben gesiegt. In Solothurn jagen sie die Reformierten aus der Regierung, und in den Gemeinen Herrschaften entziehen sie den Gemeinden das Recht, über ihre Konfession abzustimmen. So festigt sich ein Status quo zwischen Katholiken und Reformierten, der die Schweiz endgültig zum konfessionell gespaltenen Land macht.

In der Tagsatzung haben die Katholiken 7 von 13 Stimmen. Die protestantischen Kantone – sie sind mächtiger, wohlhabender und bevölkerungsreicher – nehmen nicht mehr teil. Sie tagen getrennt. Es gibt also zwei Tagsatzungen. Jede Gruppierung betreibt ihre konfessionell ausgerichtete, eigennützige Aussenpolitik, und der Schaden für das, was vom Bündnis bleibt, ist umso grösser, als das militärische Ansehen der Schweizer Söldner auf dem Höhepunkt ist und alle europäischen Höfe um sie werben. Die eifrig missionierenden Reformierten versuchen, ihren Glauben durch das Netzwerk eines « christlichen Burgrechts » auszubreiten, nachdem die Katholiken bereits eine « christliche Vereinigung » mit dem einstigen Erbfeind Österreich abgeschlossen haben. Bei den politischen Erwägungen der beiden Lager rangiert das Schicksal der Eidgenossenschaft weit hinten.

Frankreich « erfindet » sich eine Schweiz, wie es sie braucht

Der Dreissigjährige Krieg, den die europäischen Mächte – Katholiken hie, Protestanten dort – von 1618 bis 1648 auf dem Boden Deutschlands austragen, hätte wohl das Ende der Schweiz bedeutet, wenn nicht ihre Politik der Neutralität und, im Hintergrund, französische Interessen sie schliesslich gerettet hätten. Obwohl die Kantone die Anwerbung ihrer Männer durch beide kriegführenden Parteien zulassen, vermeiden sie offene Bündnisse. Je heftiger der Krieg tobt, desto mehr halten sie sich zurück. 1647 unterzeichnen sie sogar ein « Defensionale », das die erste – sehr kleine – eidgenössische Armee begründet; jedenfalls ist es das erste konkrete Anzeichen eines noch diffusen Willens, das eidgenössische Bündnis über die Partikularinteressen der Kantone zu stellen.

Der Westfälische Friede, der im Jahr darauf die Kämpfe beendet und die Kräfteverhältnisse in Europa neu ordnet, sanktioniert die Politik der Kantone nachträglich und bringt ihnen, zu einem Zeitpunkt, als ihr Bund auf einem Tiefstand ist, die völlige Unabhängigkeit vom Reich. Mit dem in der westfälischen Stadt Münster unterzeichneten Vertrag beginnt die eigentliche nationale Souveränität der Schweiz. Nicht nur im Hinblick auf das Reichsrecht, sondern auch völkerrechtlich.

Die Schweizer Kantone verdanken diesen Erfolg den Interessen Frankreichs, das auf sie angewiesen ist wegen der Alpenübergänge, die ihm seine Rivalen Österreich und Savoyen streitig machen könnten. Dies ist zumindest die Sicht Mazarins, der für den noch unmündigen Ludwig XIV. die europäische Politik des Reiches gestaltet.

Die Schweizer ihrerseits brauchen Frankreich als Markt für ihre Erzeugnisse, und sie schätzen es als Arbeitgeber für ihre Soldaten und Offiziere. Der katholische König Frankreichs bleibt den beiden schweizerischen Bekenntnissen gegenüber unparteiisch, und er fördert die Einheit der Eidgenossenschaft, wo immer er kann. Es ist also nicht übertrieben zu sagen, dass Frankreich ab dem 16. Jahrhundert die Schweiz « erfindet ». In Frankreich finden die freien und rechtlich gleichen Kantone ein Einigungsprinzip, das ihnen selbst fehlt. Sie selbst liefern Frankreich ein loyales Militärpersonal und sorgen für eine uneinnehmbare Grenze.

Die Schweizer dienen dem französischen König bis 1792, als sie in den Tuilerien für Ludwig XVI. sterben. Ideologisch sind sie keine Royalisten. Nicht einmal übermässige Frankreichliebhaber. Aber sie dienen treu und pflichtbewusst jenem, der am pünktlichsten bezahlt. Als 1798 das revolutionäre Direktorium im entfernten Paris das neue politische Modell auf das alte helvetische Corps anzuwenden beschliesst und die Kantone dies hinnehmen müssen, opponiert zwar keiner von ihnen, doch alle lehnen das neue Frankreich einmütig ab. Das alte hatte sie reich gemacht. Das jetzige konfrontiert sie mit den Prinzipien eines politischen Systems, das für die Mehrheit der Bevölkerung Freiheit verspricht und tatsächlich im darauffolgenden Jahrhundert das alte Patrizierregime beseitigen wird. Doch dieses Frankreich ist verhasst, weil es Besatzungsmacht ist. Das Bündnis mit ihm ist zerstört, die französische Epoche ist zu Ende.

Point d'argent, point de Suisse – Geld gegen Schweizer Söldner

Einem monarchischen Frankreich gegenüber fühlten sich die Schweizer zugleich frei und verpflichtet. Der König erfüllte die frühere Funktion des Kaisers des Römischen Reiches, er war der Alliierte «der Wahl», allerdings nicht der einzige, weshalb er in der Schweiz nichts zu befehlen und nichts zu bestimmen hatte. 1748 zum Beispiel dienten zwar 22 000 schweizerische Soldaten in Frankreich, aber auch 2400 in Ungarn, 13 600 in Spanien, 6900 in Neapel, 10 600 in Savoyen und 20 400 in Holland. Zusammen mit den Söhnen, die in russischen, preussischen, dänischen und päpstlichen Diensten stehen, sind aus dem winzigen Land, das selbst nur mit Mühe und Not ein paar Bataillone zur eigenen Verteidigung auf die Beine bringt, insgesamt 80 000 Söldner emigriert.

Nichtschweizer (auch die Schweizer von heute) haben oft Mühe zu verstehen, wie die Schweizer von damals es mit sich selbst vereinbaren konnten, unter anderen als der eigenen Fahne zu dienen. Die französische Geschichte liest sich als relativ geradlinige Herausbildung des Nationalstaates entlang von Gemeinsamkeiten wie Sprache, Mehrheitsreligion und geglaubtes oder behauptetes Sendungsbewusstsein. Dagegen zeugt das lange Festhalten der

Schweizer am Söldnerwesen von der Weigerung des kantonal gespaltenen Bürgertums, die Einheit in einem solchen Staat anzustreben, der 1848 dennoch geschaffen wird.

Zwei Worte über diese befremdliche Institution der « Fremden Dienste ». Point d'argent, point de Suisse – « Kein Geld, kein Schweizer »: Diese Worte legt Jean Racine in seiner Komödie *« Die Kläger »* dem Lakai Petit Jean in den Mund. Der im Französischen längst sprichwörtliche Ausspruch war, so sagt man, ursprünglich die Antwort eines Schweizer Offiziers an einen französischen König, der mit Soldzahlungen in Verzug war. Doch Geld ist nicht das einzige Motiv. Es geht auch um Ehre. Da ist die überschiessende Kraft einer ganzen Jugend, die auf dem heimatlichen Boden keine Betätigung findet. Da ist die Streitlust von jungen Männern, deren zu enges Tal weder Rauferei noch Revolte dulden kann. Es gibt zu viele Männer mit zu wenig Arbeit und zu wenig Raum, selbst in den Städten findet sich kein Platz für sie. Sie stehen vor der nicht ganz freien Wahl zwischen einem gefährlichen Leben unter den Waffen mit der Aussicht auf persönlichen Reichtum und einem aus Risikoscheu vertanen Leben zu Hause. Und beim lokalen Establishment gibt es das Interesse, dieses ganze Gewaltpotenzial zu exportieren und sogar Profit herauszu schlagen. Insgesamt gibt es in diesem Land, das seine Grenzen bewusst eng gezogen hat, einen Überschuss an männlichen Kräften. Dass man sie unter dem renommierten Schweizer Markenzeichen in komplett ausgerüsteten Einheiten – Mannschaft, Offizierskorps, Organisation, Befehlshierarchie, alles inklusive – an königliche Abnehmer vermietet, ist dem damaligen Zeitgeist keineswegs fremd. Zumal der Krieg, seitdem die Schweiz für den Eigenbedarf nicht mehr davon Gebrauch macht, seinen Stellenwert als kollektiv begeisterndes Unternehmen eingebüsst hat. Er ist ein Gewerbe, ein Broterwerb. Solange man korrekt behandelt und pünktlich bezahlt wird, ist dieser Broterwerb so gut wie jeder andere. Und für die löblichen Kantone, die ihre schützende Hand über die Regimenter halten, ist es ein glänzendes politisches Geschäft. Im *Rasenden Roland* sieht Ariost die Dinge so:

Se l'dubbio di morir ne le tue tane,
Svizzer, di fame, in Lombardia ti guida,
e tra noi cerchi o chi ti dia del pane,
o, per uscir d'inopia, chi t'uccida.

(Jagt, Schweizer, dich die Furcht vor Hungersterben // Aus deinen Höhlen fort in unser Land; // Willst du bei uns Brod oder Tod erwerben, // Dass nur die Noth sey von dir abgewandt)

Nur zwei Mal wird der Söldnerdienst als unerträglich empfunden. Das erste Mal in den zwei Jahrzehnten nach der Niederlage von Marignano im Jahre 1515, als die Kantone noch wegen ihrer gegensätzlichen Allianzen gespalten sind; die Tatsache, dass sie in beiden gegnerischen Lagern engagiert waren, veranlasst sie, über ihr gemeinsames Geschick nachzudenken. Das Geld und die Adelstitel, mit denen sich die Offiziere der Söldnerkontingente in der Heimat als die grossen Herren gebärden, gelten auf einmal als anrüchig. Die Reformierten werden nicht müde, dagegen zu wettern. Die Sittenstrenge, die sie im gesellschaftlichen Leben durchzusetzen versuchen, verträgt sich schlecht mit dem grosstuerischen und oft auch anstössigen Gehabe der heimgekehrten Söldner.

Die zweite das Söldnerwesen ablehnende Phase, die gleichzeitig ihr Ende bedeutet, folgt sehr viel später, nämlich in der Endzeit der napoleonischen Besatzung und während der nachfolgenden Restaurationszeit. Je konkreter die Vorstellung einer – erst als Staatenbund, dann als Bundesstaat – geeinten Schweiz in den Köpfen Gestalt annimmt, desto unzeitgemässer erscheint der Söldnerdienst. Und nachdem der Wille, ein Land zu sein, für dessen

Seite 56–57: *Rückkehr des Schweizer Soldaten in die Heimat*, Sigmund Freudenberger, 1780

Fehlen das Söldnerwesen stand, am Ziel angelangt ist, wird das Reislaufen 1859 offiziell untersagt. Es gibt auch praktisch keinen Bedarf mehr für einen Dienst, wie ihn die Schweizer Soldaten angeboten hatten. Die « Fremdenlegionen », die an seine Stelle treten, gründen auf eine andere Art von Kontrakt: Hier dienen Individuen in einer fremden Armee, die Schweizer Söldnerbataillone hingegen waren rein schweizerisch, von Schweizern befehligt und unter der Ägide von Schweizer Städten oder Gemeinden gebildet, die sich im Gegenzug wirtschaftliche Vorteile einhandelten: Zugang zu Märkten, Zollvergünstigungen, Handelskontingenten.

Von den etwa zwei Millionen Schweizern, die unter ausländischen Herrschern Dienst taten, hatte Frankreich den grössten Nutzen. Und die Allianz mit Frankreich, die dem beiderseitigen Interesse so gut entsprach, hatte dauerhafte Auswirkungen auf die Eidgenossenschaft. Als Gegengewicht zur deutschsprachigen Dominanz brachte sie eine frankophone Kultur ins Land, die schnell an Einfluss gewann. Die Soldaten, die mit der königlichen Armee Umgang hatten, und die hohen Offiziere, die in den Kreisen des Pariser Waffenadels verkehrten, brachten nicht nur königliche Orden und einen gefüllten Säckel mit nach Hause, sondern auch eine höchst angesehene Sprache, die überall an den europäischen Höfen und selbst in Sankt Petersburg

Aesops Fabeln, oder Geschichten der Schweizer Revolution

gesprochen wurde. Frankreich half der alten Eidgenossenschaft zudem, sich nach Westen auszudehnen, indem es den Boden für die Schaffung von vier neuen französischsprachigen Kantonen bereitete: Waadt 1803, Neuenburg, Genf und Wallis 1815.

Vor allem aber machte die französische Prädominanz den Schweizer Raum weit offen für das Gedankengut der französischen Aufklärung. In Basel hatte die Renaissance geleuchtet, in Zürich die Reformation, doch in Genf proklamierte Jean-Jacques Rousseau den Menschen zum alleinigen Urheber all dessen, was menschlich ist. Natürlich hat Genf, dieses wenig liberal gesinnte « protestantische Rom », seine Bücher sogleich verbrannt, aber es entfachte damit die grosse geistige Feuersbrunst, die auf dem ganzen Kontinent die Gebildeten gemeinsam Front gegen Aristokraten, Könige und Kirchenfürsten machen liess.

Napoleons Zuchtrute

Die Allianz mit Frankreich endet desaströs. 1777 haben die kantonalen Aristokratien und Ludwig XVI. sie einträchtig und feierlich erneuert, doch dann gerät sie unter die Räder der Revolution. Als erste trifft es die in Frankreich dienenden Schweizer Soldaten. Im August 1790 meutert in Nancy das Waadtländer und Genfer Regiment Lullin de Châteauvieux, hauptsächlich wegen ausstehender Soldzahlungen. Die blamierten Kantone berufen den Kriegsrat ein, um die Aufrührer zu bestrafen. Mehr als zwanzig von ihnen werden gehenkt, etwa vierzig erhalten Galeerenstrafen, die übrigen verlieren ihre Schweizer Bürgerschaft. Im revolutionären Frankreich wird die harte Bestrafung als Provokation empfunden. Die Soldaten des Regiments werden als Märtyrer gefeiert, und die rote Mütze der Galeerensträflinge wird zum Emblem der Revolution. Die Kantone hingegen, die im darauffolgenden Jahr eine sogar von Ludwig XVI. gewünschte Amnestie für die Häftlinge ablehnen, sehen sich in der Position eines potenziellen Feindes der Revolu-

Das Gemetzel an der Schweizer Garde in den Tuilerien, H. de la Charlerie, nach einem Stich von Jonnard

tion, zumal sie bereits ostentativ flüchtige Vertreter des Ancien Régime beherbergen. Die sechshundert Schweizer Söldner, die in den Augusttagen 1792 beim Tuileriensturm niedergemetzelt werden, fallen als loyale Verteidiger der Bourbonen-Monarchie; auf ihnen lastet der Makel der Parteinahme für die europäische antirevolutionäre Allianz. Sie ziehen den Volkshass auf sich.

So sind die Schweizer alles andere erfreut, als 1798 Truppen des Direktoriums ihr Land besetzen. Zum ersten Mal in ihrer Geschichte muss die Eidgenossenschaft die Anwesenheit einer fremden Armee auf ihrem Boden dulden, und es ist ein Schock. Zwar begrüsst man in den Städten die Befreiung des Volkes, überhaupt macht die gesellschaftliche Emanzipation bedeutende Fortschritte, ausserdem strahlt Napoleons Ruhm auch auf die Schweizer Regimenter ab, die – oft gezwungenermassen – an seinen Feldzügen teilnehmen, doch die von der französischen Revolution eingesetzte republikanische Zentralregierung findet bei denen, die davon profitieren sollten, keine Gnade.

Das Direktorium glaubt, mit der helvetischen Republik den « Einen unzertheilbaren Staat » schaffen zu können, und dies mit Kantonen, die fünfhundert Jahre damit verbracht haben, ihn nicht zu wollen. Das Fiasko ist derart, dass Napoleon, der die Schweizer besser kennt und sich nicht länger mit ihnen herumplagen mag, das Ruder herumreisst. Er will die Kontrolle über die Alpen und über die Aussenpolitik der Eidgenossen behalten. Die Mühe, sie zu regieren, will er sich aber ersparen, weshalb er ihnen mit seiner « Mediationsakte » eine Verfassung gewährt, die ihren Traditionen besser Rechnung trägt. Im Inneren dürfen sich die Schweizer bis zu einem gewissen Grad nach eigenen Vorstellungen organisieren, die europäische Politik bleibt in seiner Hand.

Im August 1802 verlassen die französischen Truppen das Schweizer Territorium. Und mit

ACTE DE MÉDIATION

Fait par le PREMIER CONSUL *de la République française, entre les Partis qui divisent la Suisse.*

BONAPARTE, premier Consul de la République, Président de la République italienne, AUX SUISSES.

L'HELVÉTIE, en proie aux dissensions, était menacée de sa dissolution : elle ne pouvait trouver en elle-même les moyens de se reconstituer. L'ancienne affection de la nation française pour ce peuple recommandable, qu'elle a récemment défendu par ses armes et fait reconnaître comme puissance par ses traités; l'intérêt de la France et de la République italienne, dont la Suisse couvre les frontières; la demande du sénat, celle des cantons démocratiques, le vœu du peuple helvétique tout entier, nous ont fait un

ihnen die napoleontreuen Direktoriumsmitglieder der kurzlebigen helvetischen Republik. Ein « Landammann » wird künftig die Kantone beim Mediator vertreten. Sechs Jahre lang bleibt die Schweiz zwar am Gängelband, aber immerhin hat man eine gewisse Freiheit wiedererlangt.

Heute gibt es in der Schweiz eine breite Debatte über Bedeutung und Funktion der Mediationsakte in der Landesgeschichte. Hat sie sich modernisierend auf die Strukturen des Ancien Régime ausgewirkt und dadurch mittelbar zur Schaffung des Bundesstaates fünfzig Jahre später beigetragen? Oder hat sie im Gegenteil sämtliche Energien der Reaktion gebündelt und auf den einen Wert der nationalen Unabhängigkeit ausgerichtet, der erst, nachdem diese verloren, zum geheiligten Wert wurde, was sich bis heute lähmend auf das schweizerische Ganze auswirkt? Allein schon die Breite dieser Diskussion zeigt, wie stark die Bindung der Schweiz an Frankreich war, wie stark auch die Abhängigkeit, wie immer man diese bewerten mag.

Zur Verdeutlichung der « natürlichen » Allianz zwischen der Schweiz und Frankreich zitierte 1833 Louis-Napoleon Bonaparte eine Maxime des Kaisers von Frankreich: « Was Frankreich an die Schweiz bindet, ist das Interesse der Verteidigung;

was die Schweiz für andere Mächte wichtig machen kann, ist das Interesse des Angriffs. Das erste Interesse ist ein beständiges, das zweite ein temporäres und zufallsbedingtes.»

Die fünfzehn Jahre der Napoleon-Ära haben jedenfalls die Schweiz mitten in die europaweiten Umwälzungen hineingezogen, von denen sie sich mit ihrer Neutralitätserklärung doch fernhalten wollte. Die Alpenübergänge, auf die sich die Begehrlichkeiten der Mächtigen schon immer gerichtet haben, werden wieder zum Anlass und Schauplatz gewaltiger militärischer Zusammenstösse zwischen den Generälen Frankreichs und der österreichisch-russischen Koalition.

Suworows Zug über die Alpen gehört zu den Legenden aus dieser Zeit. Der russische Marschall erhält von Zar Paul I. den für ihn demütigenden Befehl, von Norditalien aus über die Alpen zu marschieren, um den Franzosen in der Gegend von Zürich in den Rücken zu fallen. Doch er kommt zu spät, in Altdorf erfährt er, dass die von General Korsakow befehligten russischen Truppen bereits von Masséna vernichtend geschlagen wurden, wodurch ihm der Weg nach Norden abgeschnitten ist. Die Chronik berichtet vom heroischen Zug über den Gotthard mit 40 000 Soldaten. Die Überschreitung der Teufelsbrücke in der Schöllenenschlucht unter französischem Feuer gehört zu den berühmtesten Episoden der Gebirgskriegsgeschichte; grosse Strategen wie Clausewitz haben gelehrte Kommentare dazu verfasst. Und Suworows Ausweichbewegung nach Graubünden über den 2413m hohen Panixerpass ist ein grandioses Exempel militärischer Bravour, das oft geschildert wurde, unter anderem auch von Erzherzog Karl von Österreich in seinen militärischen Schriften: *Von Elm ging der Zug am 6. Oktober über die steile Grenze von Graubünden. Ein frisch gefallener, zwei Fuss tiefer Schnee, der mit jedem Schritte wich, deckte die schmalen Fusswege, auf welchen die Felsmassen des Gebirgsrückens einzeln und mühsam erklettert werden mussten. Von der Höhe herab, so weit das Auge reichte, zeigten sich Graubünden und Tirol als eine ungeheure Schneewüste; keine menschliche Spur, kein Pfad war zu sehen; kein Strauch gewährte die Möglichkeit, Feuer zu machen ... Die ganze Colonne brachte die Nacht auf dem höchsten Gipfel und auf den beiderseitigen Abhängen des Gebirges unter freiem, frostigem Himmel zu. Mehr als 200 Menschen und der grösste Teil der Tragtiere verloren das Leben, die mitgebrachten Gebirgskanonen wurden nach und nach in die Abgründe gestürzt... Am 10. Oktober [1799] endlich war die ganze russische Heeresmacht... im vorderen Rheintal versammelt.*

Die «freisinnige Bewegung» errichtet den schweizerischen Nationalstaat. Eine gemeinsame Verfassung ersetzt das Staatenbündnis.

Mit Napoleons Sturz sind die Schweizer wieder den Patriziern überlassen, den «hochmögenden Herren» und «Exzellenzen», die eiligst zur alten Ordnung zurückkehren wollen. Am Wiener Kongress von 1814 sind die Kantone freilich gespalten. Zar Alexander I. ist dort ein erklärter Freund der Eidgenossenschaft, die er sich gross und stabil wünscht, um sie dem österreichischen Zugriff zu entziehen. Doch die Schweizer ergreifen die dargebotene Chance nicht rechtzeitig. Die letzten Monate des Kongresses bläst ihnen der Wind ins Gesicht, und sie verlassen Wien praktisch ohne Gebietsgewinne. Ein «Bundesvertrag» vereinigt jetzt 22 kantonale «Staaten». Um möglichen Gelüsten, sich diese neue Eidgenossenschaft einzuverleiben, einen Riegel vorzuschieben, gewähren die Mächte ihr das Recht, ihre «immerwährende Neutralität» zu erklären. Es entspricht ihrem Interesse, dass es im Herzen Europas einen bündnisfreien Staat gibt. Im Lauf der Zeit wird diese Neutralität hauptsächlich dem diplomatischen Geschick der Schweizer zugeschrieben, und auch den Schulkindern stellt man die Sache so dar. Für die schweizerische Aussenpolitik wird sie künftig der beherrschende, oftmals einzige Leitsatz sein, ihr Nationalschatz, bisweilen ein Alibi, doch stets auch ein geistiges und moralisches Anliegen.

Der Bundesvertrag von 1815, der, weil die vertragsschliessenden Kantone als Staaten gelten, völkerrechtliche Geltung hat, ist allerdings nicht von Dauer. Er wird zerrieben im Widerstreit der Religionen, Klassen und Interessengruppen. Die Katholiken versteifen sich auf eine reaktionäre Politik, die den Segen Metternichs und des Papstes hat. Die Protestanten sympathisieren mit den in England, Frankreich und Deutschland aufkommenden sozialreformerischen Ideen. Viele fühlen sich nicht mehr konfessionsgebunden. Manche von ihnen werden Freimaurer, befürworten die Trennung von Kirche und Staat. Sie bilden eine Partei, die sich « freisinnig » nennt und mit der sie die Städte und 1848 schliesslich die Regierungsgewalt erobern, nach einem nur 27 Tage dauernden Bürgerkrieg gegen die katholischen Kantone, die sich einen illegalen « Sonderbund » haben zuschulden kommen lassen.

Diese « Freisinnigen » sind eine typische Erscheinung des 19. Jahrhunderts. Im Gegensatz zur entstehenden marxistischen Bewegung, die internationalistisch ist, und zur neuen christlich-sozialen Bewegung, die dem Universalismus der römischen Kirche entspricht, ist die freisinnige Bewegung nationalistisch, zentralistisch und etatistisch. So « errichtet » sie zielstrebig den schweizerischen Staat. Im Sturmschritt. Sie macht Schluss mit dem Herumreden und Taktieren der vorangegangenen Jahrhunderte und versieht diesen Staat mit allem, was dazugehört: Verfassung, Landeskarte samt Grenz- und Zollposten, Hauptstadt, Parlaments- und Regierungsgebäude, Polytechnikum für die Ausbildung von Strassenbauingenieuren, Bundesbank, Einheitswährung, Post, Bundesbahn, Hymne. Das alte Staatenbündnis ist Vergangenheit, an seine Stelle tritt ein zentraler Staat, der natürlich nicht zentralistisch, sondern föderalistisch ist. Der « Bundesvertrag », der den Vertragsstaaten die Unabhängigkeit beliess, wird abgelöst von der « Verfassung », dem vom Volk ratifizierten Grundgesetz eines Einheitsstaates. Der Geist des Protestantismus hat schliesslich gesiegt.

Die konservativen katholischen Kantone, die unterlegen sind, werden mit einem Oberhaus entschädigt: Nach dem Vorbild der amerikanischen Verfassung bildet ein « Ständerat », der die Kantone oder « Stände » vertritt, das Gegengewicht zur Volksvertretung im « Nationalrat ». Dieses Zweikammersystem hält bis heute eine starke föderalistische Strömung am Leben, die ständig ein Übermass an Zentralisierung argwöhnt.

Der schweizerische Nationalstaat ist also vor allem ein Bundesstaat, denn im föderalen Rahmen nehmen die Kantone schon bald wieder jene Stellung ein, die sie in der Alten Eidgenossenschaft hatten. Das ergibt sich umso natürlicher, als dieser neue Staat nicht über ihre Köpfe hinweg erdacht und geschaffen wurde. Er ist vielmehr das Werk von kantonalen Persönlichkeiten, die ihrem Kanton verbunden bleiben und nicht gegen seine Interessen handeln wollen. Die Kantone stellen auch die sieben Mitglieder der Kollegialregierung. Deren Wahl durch das Parlament ist im Herkunftskanton ein Ereignis, das gefeiert wird. Alle vier Jahre werden sie fast automatisch bestätigt, so lange, bis sie selbst die Zeit zum Rücktritt gekommen sehen; das Parlament würdigt damit nicht nur ihre Arbeit, es will auch den Kanton nicht brüskieren, der ihm die Dienste seines Mitbürgers zur Verfügung gestellt hat.

Zwischen dem nationalen Denken der Freisinnigen und dem Kantonsdenken fast aller anderen Parteien hat sich damit ein Kompromiss herausgebildet, dank dem die neue Verfassung zum Dauerzustand geworden ist. Auch jetzt noch entscheiden das Volk und die Kantone, welche Befugnisse sie an die Zentralregierung delegieren wollen.

Diese Institutionen sind im Geist des 19. Jahrhunderts erdacht worden, dem sie alles verdanken.

Wie viele andere Länder Europas – Deutschland, Italien, Griechenland, Polen – konstituiert sich die Eidgenossenschaft als Nation. Sie benötigt Bilder, um ihre Daseinsberechtigung aufzuzeigen. Dabei entsteht der grosse Mythos von den «Drei Eidgenossen» aus Uri, Schwyz und Unterwalden, die sich im Sommer 1291 mit dem «Rütlischwur» ewigen gegenseitigen Beistand gelobten. Dieser Gründungsmythos wird nun jedes Jahr am 1. August mit Höhenfeuern und patriotischen Reden begangen. Um die zentrale Episode herum kreisen Heldengestalten wie der Bauernkrieger Winkelried aus Unterwalden, der sein Leben opfert und quasi allein eine österreichische Armee aufhält… Doch das eingängigste Bild für den heldenhaften Mut und Unabhängigkeitswillen der Urschweiz liefert allemal noch die mittelalterliche Legende von Wilhelm Tell.

Der modernen Schweiz fehlte ein Gründungsmythos – in Wilhelm Tell fand sie ihn

Falls ihn jemand noch nicht kennen sollte: Tell ist ein Bauer aus der Innerschweiz, mehr Jäger denn Landwirt, meisterhafter Armbrustschütze, Mustergatte und vorbildlicher Vater von zwei Kindern. Er weiss, was sich gehört, aber auch, wo der Gehorsam endet. Als nun ein österreichisch-habsburgischer Beamter namens Gessler die Talbevölkerung an ihre Untertänigkeit erinnern will, indem er seinen Hut auf eine Stange hängt und befiehlt, alle Vorübergehenden hätten diesen zu grüssen, meint Tell nicht gehorchen zu müssen. Er geht grusslos vorbei. Er wird sofort angezeigt und dem Vogt und seinen Mannen vorgeführt. Der Österreicher verspricht ihm, sein Leben zu verschonen unter der Bedingung, dass er sich als Armbrustschütze bewährt, indem er dem eigenen Sohn einen Apfel vom Kopf schiesst. Tell leidet Qualen, doch es gibt keinen Ausweg. Er schiesst den Apfel hinunter, doch zuvor hat er einen zweiten Pfeil vorbereitet, der im Falle eines Fehlschusses dem Vogt gegolten hätte. Wegen dieses Reservepfeils verurteilt Gessler ihn zum Kerker. Er lässt den Gefangenen auf einen Kahn bringen, der sich auf den Weg über den Vierwaldstättersee begibt. Während der Fahrt bricht ein Föhnsturm los, und Tell nutzt die Gelegenheit zur Flucht durch einen Sprung auf eine grosse Felsplatte am Ufer. Wieder frei, passt er den Vogt an einem Hohlweg ab, wo er ihn aus dem Hinterhalt erschiesst. Inzwischen haben sich die Leute in den Tälern zu einem Schwurbund gegen Österreich zusammengetan und damit Tells Tat ihren Sinn verliehen.

In dieser Urschweiz-Saga sind die grossen Themen alle angelegt: Freiheitsfrage, Ethik der Gewalt, Status des politischen Mordes, Dialektik zwischen eigenmächtigem und gemeinschaftlichem Handeln. Für Goethe war der Stoff zu schön und zu spannend, um nicht als Vorlage für ein Bühnenstück zu dienen. Seinen Plan führte dann Schiller aus, der 1804 den politischen Thriller des 19. Jahrhunderts herausbrachte und der Schweiz das literarische Denkmal bescherte, das sie in ihren eigenen Augen berühmt und schön machte.

Der erste Schweizer Geschichtsschreiber, Johannes von Müller, der als « schweizerischer Tacitus » der nationalen Liturgie ihre klassische Form gab, meint zur Tötung Gesslers durch Wilhelm Tell, die Tat sei *nicht nach den eingeführten Gesetzen gewesen, sondern mit denen zu vergleichen, die an den Befreiern Athens und Roms und an vielen Helden der alten Hebräer darum gerühmt werden, auf dass für Zeiten, wo uralte Freiheit eines friedsamen Volks überlegener Macht nicht widerstehen könnte, zum Lohn der Unterdrücker solche Männer aufgenährt werden. Gesetzmässige Regenten sind heilig; dass Unterdrücker nichts zu fürchten haben, ist weder nötig noch gut.*

Rossini verwendet die Tell-Geschichte für seine letzte Oper, die ein Jahr vor dem Sturz der Bourbonen, im August 1829, in Paris gespielt wird. Das Motiv ist, wohl von einem einflussreichen Söldner

Tells Sprung, Charles Guttenberg, 1788/89,
nach einem Kupferstich von J. H. Füssli

eingeführt, in Frankreich seit dem 16. Jahrhundert präsent. Doch erst im 18. Jahrhundert wird es zum Symbol der Freiheit. Der Guillaume Tell von Antoine-Marin Lemierre, den dieser kurz vor der Revolution für ein eher laues königliches Publikum geschrieben hatte, gehört ab 1793 auf Beschluss des Nationalkonvents zum Pflichtprogramm der öffentlichen Bühnen. 1794 kommt die Büste des Urner Helden neben die Büsten von Brutus und Marat am Versammlungsort der Jakobiner. Eine Kopie steht in der zum Tempel der Vernunft umgewidmeten Kirche Saint-Barthélemy. Zur selben Zeit beginnt der vom Wohlfahrtsausschuss eingekerkerte Claris de Florian, ein Grossneffe Voltaires, seine historische Erzählung mit dem Titel « Guillaume Tell ou la Suisse libre » (Wilhelm Tell oder die freie Schweiz), in der er seinen Verfolgern zuruft: *Freunde der Freiheit, vernehmt, wie aus der Mitte eines unter der Zuchtrute des Unterdrückers schmachtenden Volkes ein einzelner Mann aufsteht und allein durch seinen Mut es vermag, dieses niedergedrückte Volk aufzurichten, ihm zu neuem Sein zu verhelfen, es endlich über seine Rechte aufzuklären.*

Tell ist für alle gut, für die Revolutionäre wie für ihre Gegner. Sein Hirtenwams ist das Gewand der Freiheit, die ständig bedroht ist und häufiger unterliegt als obsiegt. Seine Armbrust ist die Waffe der « Befreiung ». Er hat immer zwei Pfeile dabei – einer gilt dem Tyrannen.

Im 19. Jahrhundert ist das Thema endgültig Allgemeingut, überall in Europa befeuert es die Liberalen in ihrem Kampf gegen die Fürsten. Friedrich Engels steht mit seiner Ansicht, ein Freiheitssymbol aus der Innerschweiz könne nicht ganz das Richtige sein, so gut wie allein da. 1848 begrüsst er die neue Schweizer Verfassung und den Sieg der städtisch geprägten Kantone, meint aber: *Endlich also wird dem unaufhörlichen Grossprahlen von der « Wiege der Freiheit », von den « Enkeln Tells und Winkelrieds », von den tapferen Siegern von Sempach und Murten ein Ende gemacht werden! Endlich also hat es sich her-*

ausgestellt, dass die Wiege der Freiheit nichts anderses ist als das Zentrum der Barbarei und die Pflanzschule der Jesuiten … Es ist ein wahres Glück, dass die europäische Demokratie endlich diesen urschweizerischen, sittenreinen und reaktionären Ballast los wird.

Zu Beginn des 20. Jahrhunderts sorgt Wilhelm Tell bei seinen Bewunderern abermals für Unruhe. Der Maler Ferdinand Hodler hat den Auftrag erhalten, aus Anlass der Hundertjahrfeier des Schiller-Stücks ein Gemälde zu schaffen. Die überlebensgrosse Gestalt, die mit betonter Horizontale und Vertikale an das Schweizer Kreuz gemahnt, schockiert den Auftraggeber so, dass ein erbitterter Streit über die Frage losbricht, was Kunst ist. Nach vielem Hin und Her und etlichen Retuschen siegt Hodler schliesslich. Sein Bild erhält sogar europäische Weihen, als es 1904 in Wien – der Stadt der Habsburger – ausgestellt wird. Im Gefolge der Wiener Sezession hat es nicht nur die Malerei in der Schweiz verändert, sondern die Schweizer Kunst überhaupt: « Ich stand vor etwas, das mir zum ersten Mal den Eindruck von Grösse vermittelte », wird 1931 der Westschweizer Schriftsteller Charles Ferdinand Ramuz schreiben. *Hodler ist ein sehr schönes Beispiel für das Heroische – genau das, was uns am meisten fehlt, das einzige, was uns nottut.* Dieser Ramuz, der, weil er in der Schweiz zu ersticken glaubte, nach Paris gezogen war, findet beim

WURF H SANDREUTER 1895
FÜHRUNG C EMMENEGGER
WIRD MAN
SCHÜT
SO LANG DIE BERGE
STEHN AUF IHREM
GRUNDE
1307
WILHELM TELL

Maler Hodler einen Grund zur Rückkehr in die Heimat: *Er hat uns gezeigt, dass man gross sein kann, wo immer man ist, sogar in diesem « Milieu », bei dem Geografie und Geschichte sich gleichsam verschworen haben, es ganz klein zu machen.*

Von Hodlers Tell, der heute im Kunstmuseum Solothurn hängt, wird der Kunstkritiker Gotthard Jedlicka sagen: *An dieser einen Gestalt... hat das ganze Schweizervolk mitgewirkt. Es ist, als sei sie mit seiner Geschichte gewachsen, als sei sie an seinem Schicksal gereift, als habe jede Gefahr, die die Schweiz je bedroht hat, an ihr gewirkt, als habe jede schweizerische Heldentat dazu beigetragen, ihre Umrisse und ihre Binnenform zu verstärken.*

Ein anderer, um dieselbe Zeit entstandener Tell wird im August 1895 im Zentrum der Stadt Altdorf enthüllt. Das acht Meter hohe Standbild ist das Werk des Solothurners Richard Kissling. Nach zwei gescheiterten Versuchen mit Bildhauern, die weniger von der neuen Schweizer Seele durchdrungen waren, hat die Hauptstadt des Kantons Uri und mit ihr die ganze schweizerische Eidgenossenschaft endlich das Nationaldenkmal, das sie sich wünscht: einen Bronze-Tell von gewaltigen Ausmassen, kraftvoll und wehrhaft zugleich.

Telldenkmal in Altdorf, Richard Kissling, 1895

Die Schweizreisenden von heute, denen der Anblick kaum noch erhebende Gefühle beschert, sollte man vielleicht an die lyrischen Höhenflüge erinnern, zu denen das Denkmal den späteren französischen Premierminister George Clemenceau, der bei der Einweihung zugegen war, hinriss: *Von Wilhelm Tell über Buddha oder Jesus von Nazareth bis hin zu den grossen Sonnengöttern, lässt ein und dieselbe Geisteskraft aus einem der Wirklichkeit entnommenen Fundus eine lebendige Schöpfung des Menschen erstehen.* Heute ist Tells Armbrust das Qualitätslabel für *Swiss-Made*-Erzeugnisse.

Im 19. Jahrhundert gehört der Schweizbesuch zum Pflichtprogramm des kultivierten Europäers

Über die Schweiz des 19. Jahrhunderts ist sehr viel Tinte geflossen. Neben Griechenland und Italien zählt das Land zu den wichtigsten romantischen Reisezielen, sowohl literarisch als auch allgemein touristisch. Für unzählige politische Verfolgte jeglicher Couleur, zumal für Revolutionäre, ist sie das Zufluchtsland. Für Aristokraten und Bankiers ist sie die paradiesische Insel, wo sie ihren Stress abladen. Während im Wallis und im Berner Oberland die Steine für die Grandhotels und andere luxuriöse Sommerresidenzen von Maultieren einzeln auf

Das Grosshorn und das Breithorn, Johann-Jacob Meyer

entlegene Alpen transportiert werden, sorgt eine ganze künstlerische und politische Literatur dafür, dass die Schweiz in der politischen, künstlerischen und mondänen Geografie Europas ihre Platz einnimmt. Der sich in allen Sprachen ergiessende Wortreichtum wirkt wiederum verbindend: Die Franzosen haben ihre Schweiz, die Engländer die ihre, genauso wie die Amerikaner, Russen und Japaner.

Sommer für Sommer besichtigen englische Touristen das Schloss Chillon, diese imposante, von den Savoyern auf einen Felsen am Ufer des Genfersees gesetzte Festung. Alle wollen sie den Namenszug

Schloss Chillon, Horace Revillod

sehen, den Byron 1816 in jene Säule des Verlieses ritzte, an der Bonivard, der Held seines Gedichtes *Der Gefangene von Chillon*, angekettet war. 1845 pilgert auch Victor Hugo hierher, sowohl des englischen Dichters der Romantik als auch Bonivards wegen, der für die Unabhängigkeit Genfs kämpfte und 1530 von Karl III. von Savoyen hier eingekerkert wurde, bis ihn die Berner bei der Einnahme der Residenz des Herzogs befreiten. Hugo besucht das Gefängnis als Quasi-Delegierter des Internationalen Roten Kreuzes: Zahl der Verliese, Hygienebedingungen, Zahl der Gefangenen, Folter ... *Ich stand lange Zeit da, als wäre ich selbst an diese Säule gekettet, die der Freidenker sechs Jahre lang wie ein wildes Tier umkreiste. Nur mit grosser Mühe konnte er sich – auf dem Felsen – hinlegen, ohne die Glieder ausstrecken zu können … Sein ganzer Horizont war die grässliche nackte Felswand gegenüber der Mauer, die aus dem See aufsteigt. In solche Käfige hat man 1530 das Denken eingesperrt.*

Angeblich hat auch Gogol seinen Namen auf einem Pfeiler des einstigen savoyischen Gefängnisses hinterlassen. Die Russen suchen ihn, finden ihn aber nicht, « vielleicht weil ein Engländer ihn überschrieben hat », wie der in Zürich lebende russische Schriftsteller Michail Schischkin ironisch vermerkt. In Tolstois Tagebuch fand er den knappen Eintrag: *Nach Chillon gefahren.* Tolstoi bereiste 1857 die Schweiz auf den Spuren Rousseaus – *Ich las den ganzen Rousseau. Ich empfand für ihn mehr als Begeisterung, ich vergötterte ihn* – während Lenin in die Fussstapfen Byrons trat, zumindest nach Schischkin, der erzählt, er habe in Kiew eine von Viktor Nekrassow gekaufte Postkarte gesehen, auf der stand: *Schloss Chillon. Im Sommer neunzehnhundertundwas haben W.I. Lenin und N.K. Krupskaja es besucht!*

Byron schätzte Bonivard mehr als Wilhelm Tell. Doch ausser von der landschaftlichen Schönheit lässt sich der Schweizreisende stets auch vom Thema der Freiheit begeistern, als wäre das Land gleichsam ihr universeller Hort. In Luzern steht Chateaubriand vor dem Löwendenkmal, das Thorwaldsen dem Andenken an die in den Tuilerien gefallenen Schweizer gewidmet hat, und findet: *In der Kutte eines die Alpen segnenden Kapuziners steckt mehr Freiheit als im gesamten Ornatsplunder der Gesetzgeber von Republik, Kaiserreich, Restauration und Juli-Usurpation zusammengenommen.*

Auch Alexis de Tocqueville interessierte sich stark für die schweizerischen Freiheiten und die institutionellen Formen, in denen sie ausgeübt wurden. Er befasste sich mit ihnen als Philosoph, als Politologe und als – mit den Umwälzungen in der Schweiz befasster – Aussenminister von Louis Napoleon. Den Schweizverherrlichern hält er entgegen, dass 1836 die individuelle Freiheit in England besser gewährleistet sei als in der Schweiz, wo *ein Mensch per Verwaltungsverfügung verhaftet und ohne jede Formalität gefangen gehalten wird. Und er fügt hinzu: In vielen Schweizer Kantonen fehlt bei der Mehrheit der Bürger sowohl die Neigung als auch die praktische Eignung zum self-government … Man vermisst hier dieses Gieren nach politischen Rechten, dieses Bedürfnis nach tätiger Teilnahme an den öffentlichen Angelegenheiten, das die Engländer ständig umzutreiben scheint.* Heute würde Tocquevilles Erstaunen der Tatsache gelten, dass die Frauen erst 1971 das Stimmrecht auf Bundesebene erhielten!

Der liberale Tocqueville der *Notes de voyages* (Reisenotizen) von 1836 und des im Januar 1848, also kurz vor der Ausarbeitung der Bundesverfassung veröffentlichten Rapport sur la Démocratie en Suisse (Bericht über die Demokratie in der Schweiz) wirft mit einer historischen Analyse der vielgerühmten Schweizer Freiheit so ziemlich alle Klischees über den Haufen. Das seien keine Freiheiten gewesen, schreibt er, sondern Privilegien und Freibriefe, den Mächtigen lokal abgetrotzt von einem winzigen Bürgertum, das sein Volk in der gleichen Weise als Untertanen behandelte wie die Monarchen ringsum. Der Föderalismus, in seinen Augen nichts als ein überholter Lokalismus, habe darin seinen Grund. Dennoch erblickt er Anzeichen für eine Zentralisierung, die eine künftige Unterordnung der Kantone unter eine Zentralregierung erleichtern könnten. Was noch im selben Jahr Wirklichkeit wurde.

Diese revolutionierte Schweiz von 1848 beherbergt Tausende von Revolutionären aus allen anderen Nationen des Kontinents, und alle warten hier auf die Gelegenheit zum Aktivwerden. Den konservativen Machthabern Europas passt dies gar nicht, und sie üben Druck auf die Schweiz aus, damit diese die Leute ausweist. Die Schweiz taktiert und sucht nach einer Toleranzgrenze, die ihren Grundsätzen entspricht und gleichzeitig ihre

Interessen wahrt. Tocqueville rechnet ihr vor, was sie damit riskiert. Umsonst: *Die Worte hatten wenig Wirkung, denn die Selbstüberschätzung der Schweizer ist ohnegleichen. Diese Bauern glauben samt und sonders felsenfest daran, dass ihr Land jedem Herrscher und jedem Volk der Erde die Stirn bieten könne.*

Zwei Weltkriege stellen die schweizerische Einheit auf die Probe

Der Erste Weltkrieg verändert den Kontinent, und er verändert auch die Schweiz. Schon die Einigung Deutschlands und Italiens gegen Ende des 19. Jahrhunderts haben sie mit einer neuen Lage konfrontiert: Erstmals war sie von Ländern umgeben, bei denen eine einzige gemeinsame Sprache ein Nationalitätsprinzip zum Tragen kommen liess, das nicht nur ihrer ganzen Geschichte fremd war, sondern auch eine Gefahr für den eigenen multikulturellen Bau darstellte. Um eine drohende innere Spaltung abzuwenden, hatte die Schweiz ihre Neutralität strikter gehandhabt und bekräftigt, sie würde im Konfliktfall zwischen den neuen Nachbarn weder für den einen noch für den anderen Partei ergreifen.

Als dieser Konflikt im August 1914 ausbricht, kommt es tatsächlich zur befürchteten Zerreiss-

Henry Dunant, Gründer des Roten Kreuzes, (anonym)

probe: Die französischsprachige Schweiz, die über den Einmarsch in Belgien und die Möglichkeit eines deutschen Sieges entsetzt ist, sympathisiert einmütig mit Frankreich und den Alliierten. Die eher gespaltene Deutschschweiz klammert sich an die Neutralität, auch wenn das Verhalten Deutschlands vielfach als Unrecht empfunden wird. Zwischen den beiden Sprachgruppen tut sich ein Graben auf. Mangelndes gegenseitiges Verstehen, Missverständnisse und Verdächtigungen vertiefen ihn zusehends. Ernährungsunsicherheit und skandalöse Bereicherung bei einigen in der Kriegsindustrie engagierten Geschäftsleuten verschlimmern die Lage, und 1916–1917 kommt es zu Protesten, die

1918 in einen vom Militär niedergeschlagenen Generalstreik münden. Nachdem Deutschland besiegt ist, gilt nun der Bolschewismus als grösste Gefahr.

Ihrer Verwundbarkeit stärker denn je bewusst, beteiligt sich die Schweiz von nun an regelmässig aktiv, wenn es um den Aufbau internationaler Konfliktverhütungssysteme geht, im militärischen wie im sozialen Bereich. Auf dem Schlachtfeld hat sie ihre Dienste schon mit dem Roten Kreuz angeboten, das im vorangegangenen Jahrhundert nach dem entsetzlichen Blutbad bei Solferino in der Lombardei geschaffen wurde, wo 1859 die Armeen Piemont-Sardiniens und Frankreichs mit jenen des österreichischen Besatzers zusammengeprallt waren. Nach dem Vertrag von Versailles von 1919, der mit einem neuen System der internationalen Beziehungen der Schiesserei ein Ende setzt, erreicht die Schweiz dank ihrer guten Beziehungen in Washington, dass der Sitz des Völkerbunds und das Büro der Internationalen Arbeitsorganisation nach Genf kommen. Weltfrieden und sozialer Frieden werden zu den beiden Hauptanliegen der Schweiz. Es geht für sie nicht nur um eine moralische Frage, sondern um ihr eigenes Fortbestehen als Staat: Wenn sich ihre drei Kulturen vertragen und nicht von den europäischen Rivalitäten mitgerissen werden sollen, muss in Europa Frieden herrschen; wenn die so unterschiedlichen kantonalen Identitäten sich nicht in neuerlichen religiösen oder sozialen Kämpfen niederschlagen sollen, müssen auf dem Kontinent Wohlstand und gerechte Zustände herrschen. Die Schweiz wird sich also – bis heute übrigens – in der Konfliktverhütung besonders engagieren.

Als der Zweite Weltkrieg ausbricht, ist die Schweiz im Inneren ziemlich geeint. Fast einmütig lehnt sie den Nationalsozialismus ab, und obwohl sie sich nach aussen neutral gibt, steht sie innerlich auf der Seite der Alliierten. Die Art und Weise, wie sie in den entscheidenden Momenten des Krieges ihre Neutralität interpretiert, ist allerdings heute Gegenstand sehr vielfältiger Kritik. Eine umfassende Untersuchung dieser Vergangenheit durch eine vom Parlament beauftragte Historikerkommission unter der Leitung von Jean-François Bergier kam zum Ergebnis, dass die Schweiz der Pflicht zur Aufnahme jüdischer Flüchtlinge nicht genügte und dass der Geldtransfer mit Hitlerdeutschland ebenso wie die Waffenexporte das von der Neutralität erlaubte Mass überstiegen. Zwischen der Generation derer, die sich aus eigenem Erleben an die Geschehnisse erinnern, und der Generation derer, die diese Geschehnisse interpretieren, kommt es vielfach zu bitteren Vorwürfen.

Der triumphierende europäische Nationalismus des 20. Jahrhunderts und die Kriege, die er ausgelöst hat, bewirken jedenfalls, dass der Bau des schweizerischen Staates vollendet wird. Es ist ein föderalistischer Staat, doch ein Staat wie jeder andere, und durch die Umstände bedingt ein multikultureller.

Im Inneren macht es die Sprachenvielfalt dem Land nicht leicht. Solange die Kantone sehr autonom und getrennt waren, wog der Sprachunterschied wenig. In Bern wurde dafür gesorgt, dass Dokumente und offizielle Reden übersetzt wurden, ebenso die wichtigsten Werke der Literatur. Doch je stärker der Einheitsaspekt der Schweizerischen Eidgenossenschaft in den Vordergrund trat und je mehr sich die Schweizer auch als solche fühlten, desto wichtiger wurde es für sie, dass sie sich untereinander direkt verständigen konnten. Die Sprache wurde zum dringlichen Problem.

Die Schweiz hat es nicht sonderlich gut gelöst. Es bleibt ein unergründliches pädagogisches Geheimnis, wie bei dieser grossen Erziehernation die Schulen dermassen versagen konnten im Fach zweite Landessprache (für die Westschweizer ist es Deutsch, für die Deutschschweizer Französisch; das von etwa dreihunderttausend Schweizern gesprochene Italienisch hat notorisch im gesamten Schulsystem das Nachsehen). Den Kindern des Zaren Französisch beizubringen, war eine Spezialität der Hauslehrer aus der Romandie. Die Kinder des Kantons Genf in Deutsch zu unterrichten, reizt nur eine sehr ungenügende Zahl von Berufsanwärtern. Wird in Zukunft das Englische die zweite Landessprache aller Schweizer sein, die damit endlich gleich wären angesichts eines Idioms, das bei keinem die Muttersprache ist? Manche befürworten es.

Die Schweiz von heute zwischen dem Gefühl der Grösse und dem Gefühl des Ungenügens

Ein so unwahrscheinliches nationales Gebilde wie die Schweiz, die im Herzen Europas nach vielen gefährlichen Zerreissproben zu dem wurde, was sie ist, tendiert natürlich stark dazu, die wirklichen oder idealen Züge ihrer Identität permanent zu reproduzieren. Da sie gleichzeitig französisch, deutsch und italienisch ist, will sie sich ständig von Frankreich, Deutschland und Italien abheben. Die immense Energie, die sie auf das Herausarbeiten ihrer Besonderheit verwendet, um ihre Existenz in den Augen ihrer Nachbarn und vor sich selbst zu rechtfertigen, steht am Anfang fast aller ihrer wirtschaftlichen und politischen Erfolge.

Es ist eine instinktive, in den Mentalitäten verankerte Arbeit im Kleinen. Sie basiert auf dem Prinzip der Nähe und ist politisch vorgegeben dadurch, dass jeder Schweizer seinen « Bürgerort » in einer

Gemeinde hat, und die Gemeinde wiederum die Grundzelle des föderativen Systems ist.

Die Gemeinde, nicht der Kanton oder der Bund, stellt Pass, Ausweis, Geburts-, Heirats- und Sterbeurkunde und sonstige amtliche Urkunden aus. Vom Bürgerrecht in einer Gemeinde geht die Staatsangehörigkeit aus. In das Stimmregister trägt man sich bei der Gemeinde ein. Von einigen Ausnahmen oder strittigen Fällen abgesehen, ist die Gemeinde auch zuständig für die Einbürgerung von Ausländern. Sie kann ihre eigenen Steuern erheben, die sie allerdings mit den kantonalen Behörden aushandeln muss, die für eine gewisse Steuergerechtigkeit innerhalb des Kantons sorgen.

Der den Gemeinden staatliche Befugnisse belassende Kanton selbst ist Dreh- und Angelpunkt der internen Organisation der Schweiz. An ihn knüpfen sich die historischen Affekte der Bürger, denn er, der geliebte Kanton, war es ja, der den Akt des Beitritts zur Eidgenossenschaft vollzogen hat. Das Datum dieses Beitritts ist denn auch in jedem Kanton ein Datum von patriotischem Rang.

Bei den Kantonen liegt die Budget- und Steuerhoheit. Formal « gewähren » sie dem Bund die Mittel, die dieser zu seinem Funktionieren benötigt, selbst wenn er, durch Zoll, Mehrwertsteuer und direkte Bundessteuer selbst reich geworden, der grösste Subventionsgeber ist.

Die traditionelle Kompetenzverteilung zwischen Gemeinde, Kanton und Bund wird durch das zunehmende Gewicht der eidgenössischen Verwaltung zwar faktisch dementiert, dennoch sorgt sie dafür, dass in der Öffentlichkeit ein recht ausgeprägter Sinn für die Verantwortlichkeit des Bürgers fortbesteht. Es überwiegt noch die Vorstellung, dass die Regierungsgewalt sozusagen in Reichweite liegt und man auf sie Einfluss nehmen kann, vor allem bei Wahlen, wo man seine Stimme jenem Kandidaten gibt, den man kennt, und beim Referendum, wo vom Parlament beschlossene Gesetze durch Volksentscheid gutgeheissen oder verworfen werden. Dass bei den meisten Abstimmungen eine geringe Beteiligung zu verzeichnen ist, steht zu dieser Einschätzung nicht unbedingt im Widerspruch: Zu wissen, dass man seine Meinung kundtun kann, bedeutet nicht automatisch, dass man sich auch die Zeit zur Befassung mit der Materie und zur Stimmabgabe nimmt. Der komplizierte, oftmals technische Charakter der dem Bürger vorgelegten Fragen und die schleichende Professionalisierung der Politik sind freilich dazu angetan, die Idealvorstellung des Systems zu konterkarieren.

Das mit der Herausbildung des schweizerischen Staates zu erklärende Prinzip der Nähe hat sein Pendant im Prinzip der Abgrenzung: Man engagiert sich innerhalb seiner Gemeinde oder seines

Kantons – gegen die Gemeinde oder den Kanton von nebenan. Wenn es nicht anders geht, doch nur dann, arbeitet man zusammen. Die dynamische Spannung zwischen Konkurrenz und Zusammenarbeit kommt schon auf der untersten Ebene des Zusammenlebens zum Tragen. Sie erzeugt bei den Beteiligten das Gefühl sowohl der Grösse, das sie möglichst allein agieren lässt, als auch des Ungenügens, das sie zur Zusammenarbeit motiviert.

Indem Gemeinden und Kantone sich auf ihrer jeweiligen Ebene als kleine Staaten sehen, verwalten sie ihre Angelegenheiten mit einer Betonung der Selbständigkeit, die bisweilen bizarr anmutet.

Der ganze Mechanismus hat auch seine kontraproduktiven Seiten: Er macht die kleinen Akteure mit ihren kleinen Problemen ganz gross und zieht damit die grossen Akteure und die grossen Probleme auf deren Ebene herunter. Das sorgt für eine – vom ausländischen Besucher bewunderte – Perfektion im Kleinen, doch die grösseren Horizonte des nationalen und internationalen Lebens geraten aus dem Blick.

Die an lokalpolitische Usanzen gewohnten Politiker reproduzieren, wenn sie in die Bundesebene aufsteigen, oftmals dort den angestammten Tätigkeitsstil und finden in Bern nicht zu den politischen Dimension, die es heute braucht, um alle Bestrebungen des Landes mittragen zu können. Im

Umkreis des Bundeshauses gibt es zu wenige politische Schwergewichte, nicht genug jedenfalls, dass Politiker von Format daraus hervorgingen, die der nationalen Politik die von den Bürgern dringend erwarteten Inhalte vorgeben könnten.

In der Wirtschaft geschieht das Gegenteil. Da der schweizerische Markt für die Unternehmen zu klein ist, erwirtschaften diese ihre Gewinne durch den Export. Export bedeutet aber Kontakt und Austausch, Kenntnis anderer Sprachen, anderer Kulturen, anderer Methoden. Für die Wirtschaft gibt es keinen nationalen Raum, weder bei der Beschaffung von Rohstoffen (ausser der Wasserkraft hat die Schweiz keine) noch bei der Suche nach Arbeitskräften (einheimische Arbeitskräfte und Forscher sind zuwenig vorhanden) noch bei der Vermarktung der Produkte. Der Wettbewerb findet also hauptsächlich ausserhalb des Landes statt. Das ist der Grund, warum sich die Schweiz seit jeher an vorderster Stelle bei allen internationalen Institutionen engagiert, die auf internationaler Ebene Regeln für Wirtschaft und Beschäftigung erarbeiten.

Bis zum Exzess auf die Wahrung ihrer nationalen politischen Souveränität bedacht – was sie so lange davon abhielt, der UNO beizutreten, obwohl sich deren europäischer Sitz in Genf befindet –, gehört die Schweiz hingegen zu den rührigsten Mitgliedern sämtlicher Einrichtungen, die irgendwie geeignet scheinen, Produktion und Verkauf ihrer Güter und Dienstleistungen zu fördern. Die Welthandelsorganisation ist nicht zufällig auf ihrem Boden angesiedelt, neben Dutzenden von anderen internationalen Organisationen, die dafür sorgen sollen, dass die Welt entweder offener oder menschlicher, oder bestenfalls beides, wird.

Dies führt uns zu einem kurzen Überblick über die Geschichte dieser Schweizer Wirtschaft, die kaum weniger unwahrscheinlich ist als die Schweizer Nation.

Ein Blick auf die Wirtschaft

Alpenpässe, Milch, Wolle und Geld begründen den Wohlstand

Als der Historiker Jean-François Bergier 1984 sein erstes für ein breites Publikum bestimmtes Buch über die Wirtschaftsgeschichte der Schweiz veröffentlicht, übersteigt der weltweite Umsatz der Nestlé Holding das Budget der Schweizerischen Eidgenossenschaft. Schon im ersten Jahrzehnt des 20. Jahrhunderts liefert das Unternehmen Kondensmilch nach Japan, 1922 eröffnet es dort das erste eigene Werk. Heute ist der Konzern rund um den Globus mit der ganzen Palette seiner Lebensmittel in allen Konservierungsformen präsent. Das an seinem Hauptsitz in Vevey am Ufer des Genfersees beschäftigte Personal stammt aus rund achtzig Nationen. Von einem deutschen Einwanderer gegründet, ist Nestlé heute ein « Leuchtturm » der schweizerischen Wirtschaft des 20. Jahrhunderts, kosmopolitisch und provinziell zugleich, Weltmärkte erobernd, aber im beschaulichen Städtchen am Seeufer heimisch bleibend.

Gleichzeitig ist die Schweiz nach New York und London der dritte Finanzplatz der Welt. Die Bilanzsumme aller hier ansässigen 581 Banken beläuft sich auf insgesamt 723 Milliarden Franken. Die Transaktionen auf dem Devisenmarkt bewegen sich zwischen 10 und 20 Milliarden Franken pro Banktag. Für sich allein leiht der schweizerische Kapitalmarkt ausländischen Kreditnehmern im Jahr mehr als 40 Milliarden Franken.

Die Ausfuhr von Waren, von Kapital oder auch von Menschen (nach den Soldaten, Hauslehrern, Architekten und Bankiers) ist das, was einer aktiven Nation übrigbleibt, wenn sie auf die territoriale Expansion verzichtet hat. Mit dem Moment, an dem die Schweiz ihre Ausdehnung nach Westen begrenzte, um die südlichen Kantone nicht zu verärgern, und im Süden nicht weiter expandierte, weil die Kantone der Mitte und des Westens nicht interessiert waren; mit dem Moment, an dem die katholischen Bundesgenossen lieber klein und unter sich blieben, als neue protestantische Mitglieder aufzunehmen, und die Protestanten im Gegenzug keine zusätzlichen Katholiken wollten, war die Kleinheit des Landes festgeschrieben. Die Kaufleute mussten

Serpentinen auf der Tessiner Seite des Gotthardpasses, J. Du Bois

fortan ihrem Gewinnstreben anderswo nachgehen. Anfänglich ist, wie bereits dargelegt, der Schweizer Raum eine Art Korridor zwischen dem Mittelmeer und Nordeuropa, der über die schon von den Römern benützten Alpenpässe führt. Diese topografische Gegebenheit lässt eine bedeutende Klasse von Kaufleuten aufkommen, deren Tätigkeit im Transportieren und Verkaufen von Waren besteht. Es sind hauptsächlich Luxusartikel für die Reichen, weil der Transport schwierig und teuer ist. Man hat zwei venezianische Verträge von 1299 aufgefunden, die die Lieferung von tunesischem Salz an Viehzüchter in den Waldstätten und im Wallis belegen!

Die Kaufleute benötigen Orte, wo sie Zwischenstation machen, ihre Waren ausstellen und lagern können: Schon im 13. Jahrhundert begründen sie « Messen ». Die wichtigsten von ihnen sind im Westen die Stadt Genf, die am Ende der Route über den Grossen Sankt Bernhard liegt, und im Osten das an der Route vom Sankt-Gotthard-Pass nach Basel gelegene Städtchen Zurzach, das sich bis ins 19. Jahrhundert als Messestandort halten kann, weil es ein Knotenpunkt von Land- und Wasserwegen ist.

Der Handel in und durch die Schweiz blüht bis zur Entdeckung der neuen Seewege. Danach verlieren die traditionellen Landrouten und mit ihnen die Alpenübergänge an Bedeutung zugunsten der Häfen am Atlantik: Lissabon, Cadiz, Antwerpen.

Verherrlichung der Milch, Reklame, 1898

Geografisch ist die Schweiz nicht mehr im Mittelpunkt. Wirtschaftlich versucht sie, es weiterhin zu sein.

Es etabliert sich ein neues System zwischen den Kaufleuten, die nun ihre Abschlüsse über weite Entfernungen tätigen und die Waren Transportunternehmen anvertrauen, die gleichzeitig für entsprechende Land-, See- und Flusswege sorgen. Potente Kaufleute sichern sich so eine beherrschende Stellung im Salz-, Tuch-, Seiden- und Kolonialwarenhandel. Sie sind Ausdruck eines Handelskapitalismus, der im 16. und 17. Jahrhundert in der Schweiz grössere Vermögen anhäuft als die in ihren ersten Anfängen steckende Industrie.

Denn die Industrialisierung kommt nicht voran, weil die Städte nach innen eine Politik zugunsten der Zünfte betreiben und deren tradierte Handwerkspraktiken gegen jeden Versuch abschirmen, durch Innovation höhere Gewinne zu erzielen. Eine stabile Gesellschaftsordnung ist ihnen normalerweise lieber als irgendwelche industriellen Abenteuer, die ohnehin schlecht angesehen sind. Die « Abenteurer » weichen deshalb in den Handel aus. Oder ins Bankgeschäft.

Letzteres begleitet die merkantile Wirtschaft der Schweizer von Anfang an. Die Florentiner Medici etablieren 1425 eine ihrer wichtigsten Niederlassungen in Genf, wo viermal jährlich eine zehn Tage dauernde Messe stattfindet. 1441 erzielt diese Niederlassung den höchsten Umsatz des ganzen Unternehmens. Während des Konzils von Basel eröffnen die Medici auch dort eine Filiale, was zeigt, dass sie sich auch um die Finanzen der Kirchenoberhäupter kümmern. Sie kehren allerdings 1464 der Schweiz den Rücken und ziehen nach Lyon, als der französische König Genf boykottiert, um die gewinnträchtigen Messen in seinem Reich anzusiedeln. Basel macht 1504 seinen « Stadtwechsel » zur Staatsbank und stattet diese mit praktisch allen Funktionen aus, die heute vom *Private Banking* wahrgenommen werden: Depots verwahren, Geld überweisen, Kredite erteilen, grosse Vermögen betreuen. Die Bank hat schnell Erfolg, vor allem weil sie die Einkünfte aus dem Söldnerwesen verwaltet. Gold- und Silberbarren zirkulieren, es entsteht das Berufsbild des Handelsbankiers, und das Staatskapital zieht allmählich die Bildung eines privaten Kapitals nach sich. Die besten Handelsbankiers werden im 18. Jahrhundert zu Bankiers schlechthin, an deren Tätigkeitsbild sich bis heute nur noch wenig verändert. « Privatbank » heisst diese Bank deshalb, weil sie von einem persönlich haftenden und eigenverantwortlich handelnden Bankier betrieben wird; seine Kunden sind Freunde oder Familien, die ihm vertrauen, und er bleibt ständig mit ihnen in Verbindung, um ihre Vertrauenswürdigkeit den Kunden gegenüber zu garantieren. « Anonym » bleiben will er deshalb keinesfalls!

In Zürich spezialisieren sich die Privatbankiers auf das Diskontieren von Warenwechseln. Ende des 18. Jahrhunderts zählen zu ihnen so bedeutende Persönlichkeiten wie der spätere französische Finanzminister Necker, daneben die Saladin, Mallet und Mirabaud, die an allen grossen Finanz- und Kolonialunternehmungen des Jahrhunderts beteiligt sind, oder in Genf die Candolle, Pictet, Hentsch, Lombard, Odier, Ferrier Lullin, in St. Gallen die Wegelin, in Bern die Marcuard,

Jacques Necker, Genfer Bankier und Finanzminister unter Ludwig XVI., unsignierte Aquatinta, 19. Jahrhundert

in Zürich die Orelli, in Neuenburg die Perregaux. Später werden sie die Gründer der Pariser Banque d'Escompte, dann der Banque de France sein. Sie stellen eine ganze Reihe von Gouverneuren der Bank von England. Der Zürcher Jean-Conrad Hottinger wird zum Bankier Napoleons, der ihn zum Baron macht.

In der Industrie engagiert sich keiner von ihnen, sie halten sie (bis heute übrigens) für zu riskant. Die Industrie finanziert sich selbst durch ihren Erfolg, den sie aufgrund lokaler Gegebenheiten und weitläufiger internationaler Kontakte erzielt, wobei ihnen ein Netz von Händlern und Bankiers behilflich ist. In Genf sitzen die aus Frankreich vertriebenen Protestanten, die in mehreren Wellen, besonders nach der Widerrufung des Edikts von Nantes durch Ludwig XIV. im Jahre 1685, zu Tausenden in der Stadt Asyl fanden; sie haben nicht nur ihr oftmals beträchtliches persönliches Vermögen mitgebracht, sondern auch den eisernen Willen, sich eine neue Existenz aufzubauen. Sie begründen den Erfolg des Genfer Uhrmacher-, Goldschmiede- und Vergoldergewerbes.

Weil das Land ihr keinen Markt bietet, verlegt sich die Schweiz auf Luxusartikel für den Export

Bereits 1601 wird in der Uhrmacherei arbeitsteilig im « Fabriksystem » gearbeitet: die einen stellen das Kapital zur Verfügung und kümmern sich um Geschäftsleitung und Verkauf, andere, Handwerker aus verschiedenen Sparten, stellen die Uhren her. Für Design und Endbearbeitung ist der « Cabinotier » zuständig, ein hoch qualifizierter und ebenso hoch bezahlter Fachmann, der für den Eigentümer der Marke, einen « Maître horloger », arbeitet; die Standardbauteile hingegen werden auf dem Land von einer bäuerlichen Arbeiterschaft gefertigt.

Ende des 18. Jahrhunderts werden in den «Cabinets», wie die Genfer Uhrmacherwerkstätten heissen, jährlich fast 80 000 Uhren hergestellt, nur London produziert ähnlich hohe Stückzahlen. Es sind sündhaft teure Luxusartikel für die Reichsten. Dem talentierten und ambitionierten Cabinotier kann eine Uhr nicht kompliziert und teuer genug sein. Und solange keine Konkurrenz da ist, kennt sein Ehrgeiz keine Grenzen.

Doch bald gibt es eine wachsende Nachfrage nach Taschenuhren, die einfacher und weniger kostspielig sind. Damit ist die Chance für die Hersteller in Neuenburg, La Chaux-de-Fonds, Le Locle und im Vallée de Joux gekommen, wo Wand- und Taschenuhren von derselben Güte zu weit geringerem Preis hergestellt werden. Im Jahr 1900 werden 7,3 Millionen Schweizer Uhren auf dem Weltmarkt verkauft, ein grosser Teil in den USA.

Heute haben die renommiertesten Marken ihre Fabriken in diesen Juratälern, wo eine immer wieder neu belebte Uhrmachertradition der Spitzenklasse beheimatet ist. Im Jahrhundert der grossen industriellen Revolution ist allerdings nicht die Uhrenindustrie die wichtigste Schweizer Branche, sondern die Textilindustrie. Diese hat mit der lo-

Uhrmacherwerkstatt, Fr. von Ziegler

St. Galler Leinwand wird bestickt und in Ballen gepackt, Aquarell-Kopie eines Bildes Öl auf Holz von G.L. Hartmann, 18. Jahrhundert, Kantonsbibliothek Vadiana

kalen Hanf-, Woll- und Leinwandweberei angefangen. Sie entwickelte sich weiter mit der Seidenweberei, die über das Mittelmeer und die Alpenpässe aus dem Orient kam, und vor allem mit der Baumwollweberei. Seidenstoffe aus Zürich, Tuche und « Indiennes » aus Genf (mit indischen Mustern bedruckte Baumwollstoffe), Seidenbänder und Posamenten aus Basel geniessen bis in die 1930er-Jahre weltweit einen legendären Ruf. Wieder handelt es sich um Luxusartikel von erlesener Feinheit: Spitzenklöppeleien und Stickwaren für ausländische Herren- und Adelshäuser, später für die Pariser Mode der Belle Epoque. Auch heute noch gibt es in der Gegend von St. Gallen einige sehr renommierte, für die Modeschöpfer von Paris oder Mailand unverzichtbare Textilfabriken. Bei ihnen werden noch immer extravagante oder völlig neuartige Stoffe entwickelt, die auch in der Sport- oder Berufskleidung eine freilich weniger spektakuläre Anwendung finden.

Die Textilbranche hat eine ganze Zulieferindustrie hervorgebracht: Chemie für die Farben, Maschinenbau und Elektromechanik für die Web- und Spinnmaschinen. Weil auch hier der inländische Markt nicht ausreicht und der bescheidene Produktionsapparat den Export nur in geringen Stückzahlen erlaubt, kann sich die Schweiz nur mit extremer Spezialisierung und mit Qualitätsarbeit durchsetzen. Der hohe Alphabetisierungsgrad – ein Verdienst der Reformation, die das Lesen und Verstehen der Bibel für alle zur Pflicht machte – verschafft ihr einen grossen Vorsprung auf dem europäischen Arbeitsmarkt. Ihre Belegschaften sind zugleich ihr Kapital. Als zum Beispiel die Zürcher Textilmaschinenfabrik Escher Wyss in eine Absatzkrise gerät, schickt sie ihre wertvollen Mechaniker nicht nach Hause, sondern beschäftigt sie mit der Entwicklung anderer Maschinen. Auf diese Weise baut sie 1839 ihr erstes Dampfschiff mit selbst produziertem Antriebsaggregat. Diese Art Allianz für Qualität zwischen Kapitalisten und Arbeiteraristokratie, vor allem in den Branchen, die abseits der Massenproduktion in Nischen operieren – Uhren, Maschinen, Luxustextilien, Hotelgewerbe –, hat den Klassenauseinandersetzungen um die Wende vom 19. zum 20. Jahrhundert viel von ihrer Heftigkeit genommen.

Die industrielle Entwicklung der Schweiz verlief nicht planvoll und war schlecht finanziert – die späten und chaotischen Anfänge des Eisenbahnwesens beweisen es. Doch es gibt immer wieder Einzelne, die eine gegebene Chance zu ergreifen und richtig einzuordnen wissen in das Denken und Fühlen der Bewohner dieses Landes, das im Inneren unendlich kompliziert, nach aussen sehr offen ist.

Um 1830 ist die Schweiz das Land Europas, das, gemessen am Wert pro Einwohner, am meisten exportiert: 15 Dollar pro Einwohner gegenüber 8 in England, 5 in Belgien und den Niederlanden, 3 in Frankreich. In absoluten Zahlen gemessen, steht sie an siebter Stelle. Dabei hat es 1822 im Inland noch 400 Grenz- und Strassenzollposten und etwa zwanzig verschiedene Währungen gegeben! Der « Kantönligeist » behindert den spontanen Liberalismus der Industriellen. Erst mit der Bundesverfassung von 1848 kann sich ein einheitlicher Wirtschafts- und Währungsraum innerhalb der Landesgrenzen etablieren. Die Schweiz des 3. Jahrtausends bleibt bei ihren Spezialitäten. Ihre Wirtschaft ist immer noch bestimmt vom Transit, vom Handel, von der internationalen Hochfinanz, sie fungiert weiterhin als Warenmesse, nur dass der Fernhandel jetzt per Computer betrieben wird. Gehandelt werden Rohstoffe, Erdöl, Metalle, Diamanten, Getreide, Lebensmittel aus den einstigen Kolonien; die « Messeplätze » sind Genf, Lausanne, Zürich, Zug. Die Schweiz erfindet auch weiterhin teure Nischenprodukte (die sie anderswo herstellen lässt), vor allem im Pharma-, Lebensmittel-, Elektronik- und Textilsektor. Mit ihnen hält sie ihr « Swiss Made » wie eine Fahne hoch – winzig klein, aber ungemein rentabel.

Die wichtigsten Schweizer Städte und Regionen

Im jahrhundertelangen Widerstreit zwischen ländlicher und städtischer Schweiz haben die Städte gesiegt. Vielleicht ist es also eine ironische Revanche, wenn das Duo Seen und Berge bis heute die grossen Bilder liefert, die der Schweiz zu ihrer Berühmtheit verhelfen, denn man reist hierher, um die Jungfrau, das Matterhorn, die Gletscher und die Seen zu bestaunen, und nicht wegen einer Zürcher Bahnhofstrasse oder Genfer Rue du Rhône, die beide nichts Besonderes sind. Wenn die grossen Städte der Schweiz beeindrucken, dann eher durch ihre Lage und ihr Umland als durch ihre Baulichkeiten, von Bern abgesehen. Gleichwohl gibt es bei den Schweizer Städten etwas, eine ganz eigene Urbanität, eine Art hausgemachter Lokalstolz, ein ziem-

Die Teufelsbrücke in der Schöllenen, Caspar Wolf

lich ambitionierter Wettbewerb jede gegen jede, das ihren Charakter ausmacht: Sie sind Hauptstädte ihres Kantons, aber stets auch Hauptstadt von irgend etwas anderem: Bern ist auch Hauptstadt der Eidgenossenschaft, Lausanne auch die der Olympiaden, Genf die der Reformation und später der Privatbanken, Zürich die der Wirtschaft, Freiburg die des Katholizismus, Basel die des Druckgewerbes und so weiter. Irgendeinen ausgeprägten Ehrgeiz gibt es bei jeder. Man kann sogar sagen, dass der schweizerische Ehrgeiz in den Städten beheimatet ist.

Genf

Enklave mit Ausrichtung auf die Welt

Genf, als « Republik und Kanton » Stadt und Staat zugleich, pflegt von sich eine Vorstellung von Grösse, die sie manchmal beflügelt, dann wiederum, wenn sie nicht auf deren Höhe ist, verzweifeln lässt. In der Schweiz ist sie bekannt für besonders schöne Worte und ein besonders chronisches Finanzdefizit, man spricht ihr so ziemlich jeden Ernst ab und wartet ständig darauf, dass sie ihren Ankündigungen einmal konkrete Taten folgen lässt. Bei den Deutschweizern heisst so etwas « Genferei ». Das schmale Band von wenigen Kilometern, das sie geografisch an die Schweiz bindet, entspricht in etwa der Stärke ihrer gefühlsmässigen Verbundenheit. Genf wollte schweizerisch sein, wenn Frankreich oder Savoyen es zu sehr bedrängten, doch obwohl es 1815 « in den Rang eines Kantons erhoben » wurde, hat es sich nie ganz abgewöhnt, sich als eigenständige Republik zu benehmen. Von den Römern an der Rhone an deren Ausfluss aus dem Genfersee gegründet, ist Genf historisch seit dem Mittelalter ein Konfliktherd, an dem vier Kräfte beteiligt sind: das Königreich Frankreich, das Königreich Savoyen-Sardinien, die lokale Macht des Bischofs und des Bürgertums und schliesslich die Schweizer Kantone. Savoyen, einst Grafschaft, später Herzogtum und schliesslich Königreich, will Genf einverleiben und zu seiner Hauptstadt machen. Frankreich verlegt sich darauf, genau dies zu verhindern. Die Schweizer Kantone spielen meistens mit Frankreich mit. Sie sind bald Gegner, bald Helfer der örtlichen Macht in Genf, doch irgendwann suchen sie die Annäherung und schliessen Burgrechtsverträge, Freiburg für kurze, Bern für längere Zeit. Das Spiel der vier Kräfte wird noch einmal kompliziert durch die Reformation, die der Auseinandersetzung mit dem papsttreuen Savoyen neuen Konfliktstoff hinzufügt, aber schliesslich dem städtischen Bürgerregiment dazu verhilft, sich endgültig der Herrschaft des Bischofs zu entziehen

Panorama der alten und bedeutenden Stadt Genf im Jahr 1640, Radierung und Stich nach Claude Chastillon, Jean Poinsart zugeschrieben

und, mit Hilfe der seit 1528 zur Reformation übergetretenen Militärmacht Bern, auch dem Druck Savoyens. Die Reformation wird in Genf zunächst von Guillaume Farel, einem von Bern entsandten französischen Geistlichen, gepredigt. Der erste protestantische Gottesdienst wird am Karfreitag 1533 in einem Garten gefeiert. Gipfel des Skandals: Das Abendmahl wird von einem flugs zum Pastor ernannten, durchreisenden Wirkwarenhändler gespendet. Im Jahr darauf endet eine Disputation zwischen Farel und einem Dominikanermönch mit einer Schlägerei. Das katholische Freiburg kündigt seinen Burgrechtsvertrag auf. Tätliche Auseinandersetzungen und Überfälle häufen sich, schliesslich erklärt der «Kleine Rat» der Stadt den Bischofssitz für «vakant» und verbietet einstweilen die Messfeier. Die Stadt sagt sich damit von jeder bischöflichen Herrschaft los. Chorherren und Ordensleute verlassen Genf, ebenso der weltliche

Klerus. Während des Winters 1535–1536 wird die Stadt von Savoyen belagert. Französische Agenten versuchen sie zu befreien, um sie für die französische Krone zu annektieren. Doch im Februar 1536 kommen 6000 bernische Soldaten und erobern sie im Sturm. Die Berner verlangen die Oberhoheit über die Stadt. Die Genfer sagen Nein. Frankreich bietet seinen «Schutz» an, ebenfalls gegen die Oberhoheit. Ganz entschiedenes Nein bei den Genfern, die am 25. Mai 1536 einfach beschliessen, und zwar durch einstimmiges Votum des die ganze Bürgerschaft versammelnden Generalrats, «in diesem heiligen Gesetz des Evangeliums und des Gottesworts zu leben und allen Messen und sonstigen päpstlichen Zeremonien abzuschwören». Damit ist Genf offiziell protestantisch. Drei Monate später holt Farel einen jungen Franzosen und protestantischen Theologen nach Genf, der ihm beim Aufbau der Neuen Kirche zur Seite stehen sollte.

Unter Calvin eine « vor Gott erniedrigte Republik »

Unter Calvins Ägide verwandelt sich die Stadt, die ihre politische Unabhängigkeit und ihre religiöse Unabhängigkeit erkämpft hat, in eine sittenstrenge, disziplinierte, « vor Gott erniedrigte » Republik. Der Wandel ist weder zügig noch leicht durchzusetzen. Ein Teil des Establishments sträubt sich, es bilden sich Clans, die sich untereinander befehden. 1538 werden Calvin und Farel ausgewiesen, 1540 wieder zurückgeholt. Als Calvin 1564 stirbt, hat sich die Stadt auf Generationen hinaus verändert. Sie hat definitiv mit der Ordnung des mittelalterlichen Christentums gebrochen, doch im Gegensatz zu zahlreichen anderen Städten Europas ist sie nicht in die Hände monarchischer Hierarchien geraten, sondern selbst zum Souverän geworden.

Calvin ist studierter Jurist. Den Institutionen misst er deshalb höchste Bedeutung bei. Er versieht Genf mit den *Ordonnances ecclésiastiques,* einem verfassungsähnlichen Regelwerk. Drei Jahrhunderte lang regeln sie die Arbeit der vier « Ministerien » für Predigt, Unterricht, Kirchenzucht und Armenpflege.

Formell sind Kirche und Staat unabhängig, tatsächlich hält sich die Regierung aber an die Weisungen des « Konsistoriums », dem moralisch und politisch sehr mächtigen, beratenden Organ der protestantischen Kirche. Als Glaubens- und Sittenpolizei spricht das Konsistorium Ermahnungen, manchmal Exkommunikationen aus. Jedenfalls kann es auf die Mitglieder der Exekutive starken Zwang ausüben. Die Organisation des Staates orientiert sich an den *Édits politiques* (politischen Edikten), die den Wahlmodus und die Zuständigkeiten des Magistrats festlegen. Sie begünstigen ein System der Kooptation zuwahl der « Verordneten », durch welches unsichere Kalvinisten allmählich von der Macht verdrängt werden.

Zwanzig Jahre nach der Einführung der Reformation sitzt im Kleinen Rat, der sie beschlossen hat, kein einziger mehr von denen, die für sie gestimmt haben; ein Drittel ihrer Nachrücker hat sogar Genf verlassen. An ihrer Stelle werden die Freunde des Reformators « gewählt »: französische Flüchtlinge, die in Massen das Bürgerrecht der Stadt erhalten.

Auf dieser neuen soziologischen Basis gelingt es Calvin, der in der *Vénérable Compagnie des Pasteurs* nur den bescheidenen Titel eines Mittlers beansprucht, das Bildungswesen zu reorganisieren. Durch die Gründung eines Kollegiums und einer Akademie macht er schliesslich Genf zu einem der wichtigsten Zentren der Reform, zum « protestantischen Rom », das streng wie das katholische ist, nur sehr viel puritanischer. Prostitution, Libertinage (Zügellosigkeit), Glücksspiel, öffentliches Renommieren, Schwelgerei, Luxus, all das wird aus der Republik verbannt, die nunmehr « nüchtern » ist. Die Kinder werden im christlich-humanistischen Sinne erzogen, sie sollen einmal zu moralisch und religiös vorbildlichen Bürgern werden, von denen man erwarten kann, dass sie Gott und der Stadt gegenüber verantwortlich handeln.

Die Ausstrahlung Genfs bei den verfolgten Protestanten im ganzen südlichen Europa ist so gross, dass sie zu Tausenden in die Stadt strömen; sie kommen aus Italien, Spanien, Venezien und verändern Physiognomie und Tätigkeitsstruktur der Republik von Grund auf. Ein « Superintendent der Reformierten Kirche Russlands » bittet Calvin sogar, ihm Pastoren zu liefern.

Mit den Italienern kommen Seidenweberei und Seidenhandel, überdies eine intellektuelle Elite, aus der bedeutende Theologen, Wissenschaftler und Rechtsgelehrte hervorgehen (Diodati, Turettini, Calandrini, Fatio, Micheli, Burlamaqui u.a.) Die Franzosen entwickeln Buchdruck, Goldschmiedekunst und Uhrmacherei und legen damit den Grund für die künftige industrielle Blüte.

Doch jetzt stellt sich die grosse Frage nach dem verzinsten Kredit, weil dieser für den Export der Erzeugnisse nötig ist. Schon 1347, also zweihundert Jahre vor der Reformation, hatte der Bischof

Adhémar Fabri mit der religiösen Vorschrift gebrochen, nach der die Zeit Gott allein gehört und der Mensch aus ihr keinen Gewinn schlagen darf. Er hatte die « usura », die Entrichtung einer Miete für geliehenes Geld, erlaubt, sofern sie sich in bescheidener Höhe bewegte.

An Calvin wird die Bitte um eine solche Erlaubnis von den protestantischen Kaufleuten der neuen Republik herangetragen. Er denkt lange nach. Es erscheint ihm als berechtigt, dass der Kreditgeber einen Teil des Gewinns aus dem Geld erhält, das den Kreditnehmer reicher gemacht hat, allerdings müsse dieser Anteil annehmbar sein. Ausgeschlossen bleiben müsse hingegen die « Ausnützung der Armen ». Aber was ist ein annehmbarer Anteil? Und wer ist arm? Geldverleiher und Prediger streiten endlos darüber. 1538 wird der gesetzliche Zinssatz auf 5% festgelegt. 1557 steigt er auf 7%, 1572 auf 8,3%. Wirklich üblich sind jedoch 10%, vor allem bei Krediten an die Ärmeren.

Um diese Zeit kann man die Anfänge der Genfer Bank ansetzen, so wie sie sich aus dem Textilhandel und dem Vergoldungsgeschäft, die beide exportorientiert sind, allmählich herausbildet. In den Jahren nachlassender Handelstätigkeit wenden sich nämlich die Geldverleiher stärker den eigentlichen Geldgeschäften zu. Im 18. Jahrhundert werden sie die grossen, in ganz Europa bekannten und begehrten Financiers sein. Mittlerweile hat die einst so streng religiöse Stadt Geschmack an ihrer Berühmtheit gefunden, und die Stadtväter Geschmack an der Macht. Die « Genfer Herren » verfügen über die Finanzen am « Rat der Zweihundert » und am « Generalrat » vorbei. Sie erscheinen in schwarzer Robe an den Sitzungen, verlangen von den Bürgern, dass sie den Hut ziehen, wenn sie ihnen auf der Strasse begegnen, und lassen sich mit « Exzellenz » und « Durchlaucht » anreden. Die Regierung setzt sich nicht mehr aus Handwerkern und Händlern zusammen, sondern aus Professoren, Gutsbesitzern, Privatiers und Notaren, die eine ziemlich geschlossene und von der Rechtmässigkeit ihres Anspruchs überzeugte Oligarchie bilden. Diese gibt sich nach aussen schlicht und besonnen, doch wenn es um ihre Interessen geht, ist sie wie jede andere Oligarchie.

Als Calvin stirbt, hat die Republik internationales Format, eine zahlreiche, ebenso gut ausgebildete wie masslos ehrgeizige Elite und eine sich abrackernde, disziplinierte Mittelschicht, die zwar Macht eingebüsst hat, aber nur leise murrt.

Der Tod Calvins, (Ausschnitt), Joseph Hornung, 1831

12. Dezember 1602: Im Schutz einer langen Winternacht erklettert ein savoyisches Kommando die Stadtmauer

Doch dann gefährdet die internationale politische Konjunktur plötzlich die kalvinistische Stabilität. Diverse politische und dynastische Gegebenheiten versetzten Savoyen erneut in die Lage, Ansprüche auf Genf zu erheben. Um diese durchzusetzen, startet es eine dreissigjährige diplomatische und militärische Offensive. Es verbündet sich mit den katholisch gebliebenen Schweizer Kantonen, worauf Genf die eigene Allianz mit den beiden mächtigsten protestantischen Kantonen, Bern und Zürich, erneuert. Als Savoyen mit dem spanischen König Philipp II. und mit dem Papst, der die Hauptstadt des Protestantismus ausradieren will, ein Bündnis schliesst, antwortet Genf mit der Schaffung einer Kriegspartei, die sich für alle Eventualitäten bereithält. Man hat schon die Vorstädte abgerissen, um sich ganz auf das Innere der wieder hochgezogenen Ringmauer konzentrieren zu können. Die « Festung Gottes » will uneinnehmbar sein.

Der offene Krieg dauert von 1589 bis 1593. Es ist ein Unabhängigkeitskrieg und ein Religionskrieg zugleich, der sich in der ganzen umliegenden Gegend abspielt. Frankreich will trotz der religiösen Differenzen Genf zum Sieg verhelfen, denn es kann nicht hinnehmen, dass die Stadt von Savoyen oder Spanien beherrscht wird. Sie ist ja auch Ausgangspforte für die Schweizer Söldner, auf die es zu seiner Verteidigung angewiesen ist.

Ein Abkommen beendet 1601 die Feindseligkeiten, doch es lässt fast das ganze Umland der Republik Genf an Savoyen fallen. Von dieser unmittelbaren savoyischen Nachbarschaft wird die katholische Gegenreformation ausgehen, die von den Kapuzinern und Franz von Sales betrieben wird. Im Jahr darauf nimmt sich der Herzog von Savoyen, dem die Einkreisung der Stadt neue Perspektiven eröffnet hat, die endgültige Erstürmung vor. Am 12. Dezember 1602 startet er ein Kommandounternehmen. Es ist so grotesk wie untauglich. Bis heute feiern die Genfer im Gedenken daran ein fröhlich-ausgelassenes Fest, das sie *L'Escalade* (die Kletterei) nennen. Die herzoglichen Soldaten sollten nämlich in der finstersten Nacht des Jahres die Befestigungsmauern erklettern, um die Stadt zu überrumpeln. Doch sie wurden von Verteidigern erwartet, die bis zu den Zähnen bewaffnet und äusserst kampfentschlossen waren. Nach der Legende wurden sie auch von einer Frau, der *Mère Royaume,* mit einem Kessel brühend heisser Suppe übergossen. Den Kindern beschert dies heute, dass sie einen mit Marzipangemüse gefüllten Schokoladekessel geschenkt bekommen.

L'Escalade, Francois Diodati

Der illegale, ohne jede Kriegserklärung verübte Überfall sorgt europaweit für Empörung und festigt den Mythos vom « protestantischen Rom », das unter Gottes Schutz steht. Jedenfalls bedeutet er das Ende aller Versuche Savoyens, die Herrschaft über Genf zu erlangen. Ein neues, 1603 geschlossenes Abkommen verpflichteten den Herzog, erstmals die Unabhängigkeit und Souveränität der Stadt anzuerkennen.

Diese Souveränität ist freilich ziemlich eingeschränkt, denn kaum den Savoyern entronnen, hat Genf sich des belastenden Schutzes des französischen Königs zu erwehren: Heinrich IV. halst ihr einen Residenten auf, der das Recht auf katholische Gottesdienste in der Stadt wiederherstellen soll. Bern und Zürich bieten ihr daraufhin einen gleichwertigen « Schutz » an, sogar Savoyen bezieht Stellung, gegen Frankreich natürlich.

Genf bleibt ein Fixpunkt für die französische Diplomatie. Ludwig XIV. mag die Stadt nicht sonderlich, doch die Kriege seiner letzten Regierungsjahre bieten den Genfer Bankiers die Gelegenheit zur Entfaltung ihrer Talente, wobei auch die Grenzen ihrer Umsicht zutage treten. Der König hat enormen Bedarf an Geld. Durch die schweizerische Neutralität sind die Genfer Financiers neben einigen Kollegen aus der Deutschschweiz die einzigen, die Hartgeld versenden oder Wechsel ziehen können. Diese Geschäfte bescheren ihnen satte Gewinne, bis irgendwann die französische Staatskasse ihre Schulden nicht mehr begleichen kann. Es kommt zu einer Reihe von Konkursen, und die betroffenen Bankiers müssen nun die politische Entwicklung in Frankreich sehr genau verfolgen, um sofort aktiv werden zu können, wenn sich eine Gelegenheit bietet, ihr Geld zurückzufordern.

Viele von ihnen ziehen deshalb nach Paris. Dort sind sie vor Ort und können hoffen, die zu nichts verwendbaren «Geldnoten» eintauschen zu können, die sie von der Staatskasse gegen die zunächst so verheissungsvollen Aktien der Compagnie des Indes Occidentales ausgeteilt bekamen. Oder um sich von den Bankkonstruktionen blenden zu lassen, die der Schotte John Law, der grosse Held der Pariser Finanzwelt, laufend erfindet. Bis zum endgültigen Zusammenbruch des Law'schen Systems, der eine der ersten allgemeinen Pleitewellen der Neuzeit auslöst, sind die Genfer, die rechtzeitig ausgestiegen sind, die grossen Gewinner.

Die architektonischen Spuren dieser Episode sind noch zu sehen, es sind opulente Residenzen in französischem Neoklassizismus, erbaut auf dem Befestigungswall der Altstadt. Die ganze Grossbourgeoisie der Handels- und Finanzwelt glaubte sich dort ein Stelldichein geben zu müssen. Sie ist gemeint, wenn heute noch mit oft ironischem Unterton von der « Rue des Granges » gesprochen wird.

Der Erfolg der Händler-Bankiers wirkt sich zweifach aus: Im Ausland sind sie immer begehrter – zwischen 1740 und 1765 werden sie von Sachsen sowie von den Königen Dänemarks, Sardiniens und Frankreichs um Kredite gebeten – und sie erteilen diese aus den Spareinlagen der Genfer. In der Stadt selbst hingegen verursachen sie eine wachsende gesellschaftliche Unruhe, die das ganze 18. Jahrhundert beherrscht.

In dieser Zeit verfestigt sich das bis heute fortdauernde Muster einer Stadt, die durch ihre im Ausland erfolgreichen Händler und Bankiers reich geworden ist, die aber deren Überheblichkeit in politischen und gesellschaftlichen Angelegenheiten zu

Hause nicht hinnehmen will. Je heller Genfs Glanz an den Höfen Europas, je dichter sein von geschickten Nachfolgersöhnen gesponnenes Bankennetz, desto ausgeprägter in der Stadt die Ressentiments und die kommunardischen Züge der Republik.

Der Widerstandsgeist kann sich durchaus im Recht fühlen, denn protestantische Beschränkung und Bescheidung sind ja die offiziell geltenden Kardinaltugenden. Der Kampf zwischen den Aristokraten und den « normalen » Bürgern – Voltaire nennt die beiden Parteien « die Perücken und die Haarschöpfe » – wird das ganze Jahrhundert beherrschen. Es geht darum, wer den Ton angeben soll in dieser Stadt, in der nach mehreren Flüchtlingswellen nunmehr sehr viele protestantische Immigranten leben, neben den Alt- und Neubürgern, den Patriziern mit hochklingendem Namen und der einfachen Bevölkerung aus Handwerkern und Arbeitern.

Wettstreit um Genf zwischen Rousseau und Voltaire

In diesem politischen und kulturellen Rahmen entfalten zwei Geistesgrössen der Zeit ihr einflussreiches Talent: Voltaire und Rousseau. Der Erste geniesst die Stadt – « ich habe immer gesagt, mit zwanzig müsse man in Paris und mit fünfzig hier leben » –, der Zweite leidet unter ihr, obwohl er sie liebt. Jean-Jacques Rousseau, Sohn eines Uhrmachers französisch-protestantischer Herkunft und zum Graveur bestimmt, kehrt Genf am Sonntag, 14. März 1728, den Rücken: Als er von einem Ausflug mit Freunden zurückkommt, gehen die Stadttore vor seiner Nase zu, und er hat einmal mehr eine Strafpredigt des Lehrmeisters zu gewärtigen. Dann wird ihn eben Paris « entdecken ». Gleichwohl gehört er Genf. In Frankreich frisch mit erstem Ruhm bedeckt, kommt er 1754 zurück. Er gibt sich der « Republikbegeisterung » hin und tritt wieder in die reformierte Kirche ein. Zu seinem Unglück ist auch Voltaire hier. Also muss er wieder weg. Doch Genf lässt ihn nicht mehr los. Als er in der *Encylopédie* den Artikel « Genf » liest, in dem d'Alembert, von Voltaire inspiriert, die Ansicht vertritt, die Genfer müssten das Theater wiederbeleben, wird er wütend: Das wäre doch der Sieg des Pariser Leichtsinns, der Triumph der Vergnügungen (also Voltaires). Er schreibt dies in seinem *Brief*

Voltaire, Lithografie von P. Périaux nach einer Originalzeichnung, 1821

an d'Alembert über die Schauspiele. Die Messer sind gezogen. Wer wird Genf gewinnen?

Er nicht, Voltaire übrigens auch nicht. Die Genfer Regierung lässt zwei seiner Bücher verbrennen: *Emil* und *Vom Gesellschaftsvertrag.* Seine Anhänger werden reagieren, leidenschaftlich sogar. Die Aristokratie wird eisern bleiben. Die « Rousseau-Affäre » wird Genf freilich in den ideologischen Drift der Französischen Revolution geraten lassen. Eine ganze Reihe von Episoden daraus wird sie selbst durchleben. Doch 1798 wird sie per Ultimatum von Frankreich annektiert, bis 1813.

Jean-Jacques Rousseau *herborisierend*, kolorierte Radierung

1794 werden Rousseaus sterbliche Überreste von der Regierung der Ersten Republik in das Pariser Pantheon überführt. 1878, hundert Jahre nach seinem Tod, wollen die « Antijeanjacquards » in Genf den « Jeanjacquards » keine offizielle Jubiläumsfeier zugestehen. Heute kann sich die Stadt Genf kaum dazu durchringen, die Kosten für das winzige Museum in seinem Geburtshaus, Grand-Rue 40, zu übernehmen. Anscheinend ist der Prozess noch nicht zu Ende. Ist Rousseau ein zu dicker Brocken? Der Diplomat und Philosoph Jean-Pierre Ritter schreibt: *Rousseaus Lehre ging aus dem Geist Genfs hervor, der wahrscheinlich der vollendetste Ausdruck*

der protestantisch-schweizerischen Mentalität von damals war ... Die Schweiz, die rousseauistisch vor Rousseau gewesen ist, indem sie den Humus für das Erblühen dieser Lehre bot, ist so rousseauistisch geblieben wie kein anderes Land. In der schweizerischen Mentalität lassen sich bis auf den heutigen Tag sämtliche von Rousseau gepredigten Tugenden ausmachen: Die Überzeugung des Einzelnen, niemandem etwas schuldig zu sein und einen Eigenwert zu besitzen, dem von aussen nichts hinzuzufügen ist, der Kult des Einfachen, die Abneigung gegen Formen, die Reserviertheit anderen gegenüber, die Aversion gegen etablierte Grössen und gegen Vorschriften für ihr Verhalten und ihre Beziehungen. Darin wurzelt die Überzeugung der Schweizer, besser zu sein.

Im Verlauf dieses bewegten 18. Jahrhunderts entwickelt sich Genf zur unbestrittenen Welthauptstadt der Uhrenindustrie, zum renommierten Fabrikationsort von bedruckten Baumwollstoffen und zu einem der bestsituierten Finanz- und Bankplätze. Diese Position hat sie, ausser im Textilsektor, auch nach der Napoleon-Ära wieder, als für sie die Zeit gekommen ist, ganz schweizerisch zu werden.

Genf ist nicht eben erpicht darauf, der Schweiz beizutreten. Zwar sehen seine Unterhändler am Wiener Kongress 1815 durchaus, dass seine Zukunft an der Seite der Schweizer Kantone liegt, doch eine ständige Assoziierung wäre ihnen lieber gewesen als der regelrechte Beitritt. Der neue Bundesvertrag von 1815 lässt aber den Kantonen so viel Selbständigkeit, dass die Stadt sich gut damit abfinden kann. Im Juni 1814 empfängt sie die Eidgenossen mit dem Zuruf: « Willkommen, Kinder des Tell! »

Sie hat sich eben eine konservative Kantonsverfassung gegeben, die aber deutlich liberaler ist als die der anderen Schweizer Kantone in der postnapoleonischen Restaurationszeit. Unter der paternalistischen Regierung treusorgender Stadtväter kehrt für fast dreissig Jahre bürgerliche Ruhe ein. Die Oberschicht ist glücklich, wohlhabend und diskret. Die Masse der Armen rennt hinter allerlei Gelegenheiten her, die sich unregelmässig bieten. Doch in den Fabriken gibt es Arbeit, und für ihre Luxusartikel tun sich neue internationale Märkte auf. Kunst, Wissenschaft und Technik gedeihen. Den Besuchern gefällt die Stadt. Sie nimmt auch wieder politische Flüchtlinge auf: aus Italien, Frankreich, Russland und Zentraleuropa.

Die Stadt lässt sich aber auch von den neuen Ideen und Bedürfnissen des Jahrhunderts anstecken. Sie braucht Platz, Bewegung, höhere Ziele als die für ihre Patrizier so typische Selbstbescheidung. Sie reisst ihren arg beengenden Ringwall ein, ergiesst sich in neue Stadtviertel und macht sich demokratische Grundsätze zu eigen, die sie verändern wer-

den, so wie sie die Schweiz und Europa verändern. 1846, zwei Jahre vor der Eidgenossenschaft, macht sie ihre eigene « freisinnige Revolution ». Der Anführer, James Fazy, ist ein Textilfabrikant, der Genf aus dem industriellen Rückstand herausholen will, für den er die Bankiers verantwortlich macht. James Fazy mobilisiert die Arbeiter der Unterstadt « gegen die Reichen und Faulen » und beruft auf der Place du Molard eine Volksversammlung ein, die beschliesst, dass eine neue Verfassung geschrieben werden soll. Diese wird liberal ausfallen, denn Fazy ist der Meinung, dass das Glück der Menschen nur in der Freiheit seine vollständige Entfaltung findet.

Die freisinnige Revolution verankert Genf als « Republik und Kanton » endgültig in der Schweizerischen Eidgenossenschaft, deren Gesinnungen es teilt. Daneben hegt es jedoch immer auch nostalgische Autonomieträume, die es dazu verleiten, auf der Weltbühne eine eigenständige Existenz anzustreben. Ob im Bankwesen, im humanitären Bereich, im internationalen Völker-, Kriegs-, Arbeits- und Handelsrecht, immer sind Genfer bereit, für das Wohl der Welt zu arbeiten. So boten und bieten immer noch das Rote Kreuz, die Genfer Konventionen, die Erste Internationale, der Sitz des Völkerbunds (1920) bzw. der Vereinten Nationen

Seite 134–135: *Ankunft der Schweizer Armee in Genf*, 1814

Luftbild von Genf im Jahr 1938, im Vordergrund der Völkerbundspalast

(1945) und der Welthandelsorganisation zahllose geistige und berufliche Betätigungsfelder für eine winzige Grossstadt, die immerzu versucht, aus ihrem Korsett herauszukommen.

Die einheimischen Genfer haben heute kaum Kontakt mit den etwa 20 000 Angestellten der UNO, doch die Stadtoberen Genfs (und anderer Gemeinden des Kantons) betreiben stolz « aussenpolitische » Aktivitäten, vor allem auf dem Gebiet der Entwicklungszusammenarbeit. Einst das « protestantische Rom » gewesen zu sein, dies hinterlässt psychologische Spuren. Und sich im Mittelpunkt der Welt zu denken, schafft Verpflichtungen, ethische wie standesmässige!

Zürich
Unter der Herrschaft Gottes und einiger Menschen

Im Gegensatz zu Genf, das als Rhoneübergang und Knotenpunkt europäischer Handelswege immer ein Durchgangsort war und jahrhundertelang damit befasst, seine Unabhängigkeit als freie Stadt zu behaupten, versteht sich die Stadt Zürich von Anfang an als Haupt(-ort) eines Gebietes, über das sie die Herrschaft anstrebt. Diese Stadt ist eine Macht.

Schon zur Römerzeit eine Siedlung, von den Ungarnzügen vermutlich verschont, ist sie nach der Überlieferung eine politische Schöpfung der Frankenkönige. Karl der Grosse soll die Propstei des Grossmünsters gegründet haben. Sein Enkel Ludwig der Deutsche habe dann für seine Tochter ein kleines Frauenkloster zur Fraumünsterabtei aufgewertet, der er seine Besitzungen in Zürich schenkte. Beide Klöster sind den heiligen Märtyrern Felix und Regula geweiht, die mit der Thebäischen Legion und der letzten grossen Christenverfolgung (303–305) in Zusammenhang gebracht werden. Womit Zürichs Mitwirkung an der Herausbildung der christlichen Identität des Mittelalters belegt wird.

Die Stadt wird 1218 der direkten Herrschaft Kaiser Friedrichs II. unterstellt. Die Äbtissin des Fraumünsters betrachtet sich fortan als « Stadtherrin», mit ihr konkurrieren lediglich die Kaufleute. Die Geschichte Zürichs kennt drei grosse Äbtissinnen, doch ihr Einfluss schwindet, während die Dreierkonfiguration erstarkt, die fast bis zum 18. Jahrhundert die Szene beherrschen wird: das Bürgertum der Kaufherren, das mit der Seidenweberei und dem Seidenhandel reich wird; die Zünfte der anerkannten Handwerksberufe: Steinmetze, Weber, Bäcker, Schmiede usw.; und schliesslich der Bürgermeister, der vom Stadtrat, in dem die Kaufleute und Vertreter der Zünfte sitzen, gewählt wird.

Rudolf Brun, der erste Bürgermeister und Initiator der «Brunschen Zunftverfassung» von 1336, zeichnet sich durch zwei entscheidende Taten aus. Am 1. Mai 1351 besiegelt er einen ewigen Bund mit der bereits bestehenden Eidgenossenschaft der vier Waldstätte, um den Vorstössen der Habsburger in der Region einen Riegel vorzuschieben. Als Zweites setzt er eine Politik der teils friedlichen, teils militärischen Expansion der Stadt auf die umliegenden Gebiete in Gang. Während eineinhalb Jahrhunderten kauft Zürich Freundschaften und Ländereien, handelt Zusammenschlüsse aus, erobert und unterwirft unter hohen Kosten Grafschaften, grössere und kleinere Herrschaften und diverse Gemeinden, bis es schliesslich zwischen 1484 und 1496 die wichtigsten Rheinübergänge besetzt.

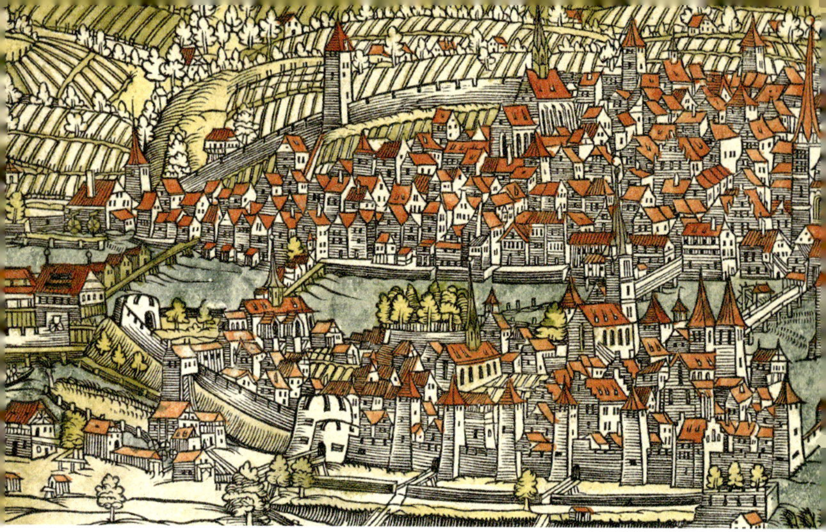

Panorama der Stadt Zürich im Jahre 1540

Unter der Regierung von Bürgermeister Hans Waldmann wird Zürich «Vorort» der Eidgenossenschaft, das heisst, es gehört nun zu den Kantonen, die zur Tagsatzung einladen und den Vorsitz führen.

Waldmann ist ein typischer Despot der frühen Renaissance. Die Bürger haben ihm, von seinem militärischen Ruhm aus den Burgunderkriegen beeindruckt, zur Macht verholfen, doch er schwenkt zu den Zünften über. Sein Regiment ist parteiisch, willkürlich und grausam, in der eigenen Grösse sieht er Zürich. Er vereinheitlicht die lokalen Gesetze der Untertanengebiete, schafft Privilegien ab, monopolisiert, verstaatlicht. Die Bauern haben unter seiner Fuchtel zu leiden. Er verbietet ihnen

Spiel und Tanz, kontrolliert ihre Ausgaben für Feste und Kleidung; ohne seine Genehmigung dürfen sie keine Bäume und Weinstöcke pflanzen oder sich selbständig von fremden Armeen anwerben lassen. Sie sollen arbeiten und die Stadt versorgen. Er leitet damit das grosse Kapitel der Feindseligkeiten zwischen Zürich und seinen ländlichen Herrschaftsgebieten ein. Als er befiehlt, die streunenden Hofhunde der Bauern zu erschlagen, weil sie das Wild schädigten, kommt es zum Aufruhr. Sein ausschweifender Lebensstil und seine Selbstherrlichkeit haben allen Rückhalt verlieren lassen. Er wird zum Tode verurteilt und 1489 hingerichtet.

Seine Aussenpolitik hinterlässt jedoch bleibende Spuren. Dem französischen Einfluss und dem

Söldnerdienst für den französischen König steht er zutiefst feindselig gegenüber. Im Gegenzug sucht er gute Beziehungen zum Reich. Die Niederlage der Schweizer gegen Frankreich in Marignano und die 800 Zürcher, die tot auf dem Schlachtfeld geblieben sind, lösen einen Bauernaufstand aus, der dem Leutpriester und Reformator Ulrich Zwingli recht gibt: Auch er ist ein Gegner der Franzosenpartei und des Söldnerwesens.

Anders als Adel und Patriziertum, die dem Militärischen verbunden sind und zum Papst und zu Frankreich halten, sind die Zünfte wirtschaftsorientiert und empfänglich für Zwinglis neues Gedankengut. Letzteres sind auch die Bauern, die das Ende der Leibeigenschaft und der Kirchensteuern fordern. Zürich ist reif für die Reformation.

Wie schon dargetan, beeinflusst die Reformation die Geschicke der Schweiz entscheidend. Zürich wird aber durch sie nicht gross, indem es eine Rolle übernimmt, sondern provinziell. Das strenge Verbot, auf seinem Territorium Söldner anzuwerben oder Pensionen auszubezahlen, und die strikte Neutralität, die es ein Jahrhundert lang bei den in Europa geführten Kriegen wahrt, lassen der Stadt eine wichtige Einkunftsquelle entgehen. Vor allem aber engt der eingeschlagene Weg das Spektrum der Interessen auf die inneren Angelegenheiten ein. Und hier herrscht eine Kirche, die der Regierung auf die Finger schaut und gesellschaftliche Verhaltensvorschriften diktiert: Sparsamkeit in allem, Masshalten, Schlichtheit, Arbeitsfleiss und Gebet. Auf die Exzesse des masslosen Waldmann folgen zwei Jahrhunderte der exzessiven Zurückhaltung. Sogar den Bauten ist es anzusehen. Noch 1859 vermerkt stolz das Lokalblatt «Die eidgenössische Zeitung»: *Man kann von einem republikanischen Gemeinwesen nicht verlangen, dass es Kunstwerke erstelle, welche nur unter andern politischen und sozialen Voraussetzungen möglich sind, und es ist ein unschätzbares Glück für Zürich, dass in seinem Gemeinwesen die Erstellung unfruchtbarer Ornamente auf Kosten des Nützlichen und Notwendigen unmöglich ist. Wir verlangen keine Standbilder, wie sie nicht nur fürstliche Residenzen, sondern auch unsere Schwesterstädte Bern und Genf schmücken, wir begehren keine himmelanstrebenden Fontänen und begnügen uns gern mit den bescheidenen Wasserfäden, die hinter den Gittern des Thalackers herumhüpfen.*

Eine solche Mentalität duldet in Zürich keinen Barock, kein Theater, kein Spiel des Geistes und der Formen. Es geht so weit, dass man 1760 den Abriss des Grossmünsters erwägt: seine Gotik sei zu prunkhaft. Es bleibt nur knapp verschont.

Konsequenz aus der Quasi-Verstaatlichung der Sitten: Die Zürcher Stadtoberen sind zunehmend von der Überzeugung durchdrungen, dass allein die Regierung zu bestimmen habe, was für ihre Untertanen gut und nützlich sei, und Rechenschaft schulde sie dabei niemandem. Seit der Zeit Zwinglis sind die Zünfte und die Landgemeinden vor jeder wichtigen Entscheidung des Stadtrates konsultiert worden. Doch im späten 16. Jahrhundert hört das auf. Es entwickelt sich ein Absolutismus, der im Umland, in den Vogteien und in den Untertanengebieten hin und wieder Unruhen aufflammen lässt.

Der Untertanenstatus der bäuerlichen Bevölkerung ist keine Zürcher Besonderheit, er ist auch in den anderen Schweizer Kantonen und europaweit die Regel, doch in Zürich ist er besonders hart. Die Stadt überwacht mit ihrer Sittenpolizei nicht nur streng die Einhaltung ihrer Gebote, sie besteht auch unnachsichtig auf ihrem Wirtschaftsmonopol: Die Landbewohner dürfen weder Handelswaren herstellen noch überhaupt Handel betreiben. Tausende von Bauern weben und spinnen in Heimarbeit für die Textilfabrikanten der Stadt. Jeder Versuch, auf eigene Rechnung zu wirtschaften, wird hart geahndet.

Mit der Zeit haben einige Handwerker- und Kaufmannsfamilien in der Stadt eine gesellschaftlichen Vorrangstellung erreicht, zumal im Seiden- und Baumwollgewerbe. Protestantische Flüchtlinge aus Italien und Frankreich haben Kapital und Techniken mitgebracht. Es bildet sich eine Geldaristokratie, die Zürich aus einer einfachen Handwerkerstadt in ein Industriezentrum verwandelt. Diese neue Klasse sucht sich der politischen Zwangsjacke zu entledigen. Sie vereinigt sich mit den Rebellen der Seegemeinden in einer geistigen, wirtschaftlichen und politischen Bewegung, die für Zürich das Zeitalter des Liberalismus, sein goldenes Zeitalter, anbrechen lässt.

Die goldene liberale Ära

So kann man 1762 erleben, wie ein Einundzwanzigjähriger namens Johann Caspar Lavater das Schweigen durchbricht, das die Veruntreuungen und des Landvogts Grebel und seine Misshandlungen von Bauern umgibt. Der spätere Erfinder der Physiognomik, Freund Goethes und Liebling der europäischen Aristokratie redet den im Grossen Rat sitzenden vornehmen Familien ins Gewissen: *Schläfst du denn, Escher und Leu! Schläfst du denn, Nüscheler und Schwarzenbach! … Seid Männer, seid Bürger, seid Väter des Staats! Ich lege meine Klagen zu euren Füssen. Sollte Zürich keinen Tell, einen Baumgarten mehr haben? … Schade für unser Zeitalter, wenn ihre Söhne von ihrem Heldenmuth so sehr ausgeartet hätten, dass Niemand wär, der einen so un-*

J.K- Lavater, J.-L. Anspach

verschämten Bösewicht anklagen dürfte. Einige Jahrzehnte früher hätte eine solche Philippika (Kampfrede) gegen einen Würdenträger eine Verurteilung bedeutet. Doch jetzt muss Grebel aus dem Kanton fliehen.

Ob in der Politik, in der Kunst oder selbst in der Theologie, überall polemisieren Verfechter des « Helvetismus » – wie der Literat Johann Jakob Bodmer, der Maler Heinrich Füssli, der Erzieher Heinrich Pestalozzi, der Theologe Johann Jakob Breitinger – gegen die kleinkarierte Welt Zürichs, gegen seine Zensur, gegen seine geistige Enge. Ihr Ziel ist die « Regeneration ». *Einzelnreichtum … hat immer alle freye Verfassung untergraben …, immer alle*

Freyheitssitten verheeret und alle innere Regierungsfähigkeit des Volkes aufgelöset, immer alles offentliche Intresse dem Geldintresse untergeordnet, immer die bey den Vättern zur Landestugend emporstrebende Volkskrafft zum Dienst des Gözen ihrer Söhne, des Goldes, erniedriget, schreibt Pestalozzi in seiner Schrift *Von der Freyheit meiner Vaterstadt!* Der grosse Bewunderer Rousseaus und seines *Émile* – « kein Vater kann auf den Sohn das Recht vererben, seinen Mitmenschen nutzlos zu sein » – wird in seiner Schule in Yverdon eine neue Pädagogik begründen und in Stans, obwohl er pro-französisch war, neunzig Waisen jener Eltern aufnehmen, die am 9. September 1798 in Nidwalden von den französischen Besatzungstruppen niedergemetzelt wurden.

Zur Zeit der Abfassung dieser an die Zürcher Stadtväter gerichteten Ermahnung hat die Französische Revolution die Ruhe Zürichs noch nicht getrübt. Als die Bastille erstürmt wird, applaudieren die Liberalen. Das Ereignis verheisst für sie eine Zukunft der Wahrheit, der Tugend und des Glücks. In den ländlichen Gemeinden fordert 1794 eine Bewegung das Ende des Industriemonopols, das Recht der Bauern auf höhere Bildung und auf die Offizierslaufbahn sowie die Abschaffung der Feudallasten. Die Regierung lässt die Aufständischen verhaften und verurteilt sie zu schweren Strafen. In Stäfa, dem Zentrum der Bewegung, lässt sie Mili-

tär einrücken. Das ist der entscheidende Fehler. Die Repression beschleunigt nur den Sturz der Regierung, und das französische revolutionäre Direktorium hat den Kanton umso schneller unterworfen: Im März 1798 stuft die helvetische Verfassung Zürich zur blossen Verwaltungseinheit der von Frankreich geschaffenen Helvetischen Republik herab. Ihr erster «Regierungsstatthalter» ist Johann Kaspar Pfenninger, der Anführer der Rebellen von Stäfa. Er ist vor Ort schon bald genauso unbeliebt wie die Franzosen selbst.

Doch Kritik und Widerstand gegen Napoleons Schweiz-Politik werden zum Nährboden für die Ideen und Zielsetzungen, die zur Schweiz des 20. Jahrhunderts hinführen. Männer wie Paul Usteri, späterer Leiter der *Neuen Zürcher Zeitung*, oder Alfred Escher, Begründer der Schweizerischen Kreditanstalt, sind in ihrer Jugend Anhänger der Französischen Revolution gewesen. Unter der Helvetischen Republik wird ihnen bewusst, dass ein neuer, überkantonaler politischer Raum entstanden ist. Es wird für sie klar, dass diese neu entstandenen Ebene die Chance bietet, sowohl die Freiheit der Schweiz von Frankreich als auch die Freiheit des einfachen Bürgers von der Aristokratie zu verwirklichen.

Seite 150–151: *Pestalozzi und die Waisen in Stans*, Conrad Grob

Alfred Escher, (anonym)

Republik ja, aber ohne Napoleon; Gleichheit, aber ohne Schreckensherrschaft; Wohlstand, aber ohne Dominanz der Geldmächte – ein ebenso weitgestecktes wie ehrgeiziges Ziel, das erst mit der schweizerischen Verfassung von 1848 Gestalt annahm, nachdem alle reaktionären Bestrebungen, die auf die Niederlage Napoleons folgten, gescheitert sind.

In der Person von Jonas Furrer stellt Zürich den ersten Bundespräsidenten der neuen Schweiz. Die Stadt kämpft darum, zu ihrer Hauptstadt zu werden. Sie verliert zwar mit 58 gegen 35 Stimmen gegen Bern, doch zusammen mit Alfred Escher als

Nationalratspräsidenten hat sie zwei starke Persönlichkeiten an der Spitze des Bundesstaats. Sie bringen in die Bundespolitik ein Erbe Zwinglis ein, nämlich die ausgeprägte Kultur der Zürcher Neutralität. Während die Genfer, Berner, Waadtländer und Tessiner Liberalen und Freisinnigen für eine aktive, sogar militärische Unterstützung der bedrohten Sache der Freiheit in Deutschland, Ungarn und Italien plädieren, verharrt die Schweizer Regierung auf Furrers Betreiben in vorsichtigem Zuwarten. Die Unabhängigkeit des Landes ist ihm wichtiger als eine europäische Politik des Engagements.

Auch wenn Zürich nicht die Hauptstadt der Schweiz ist, setzt sich diese Zürcher Kultur in der eidgenössischen Politik durch, und zwar bis heute. Wie Alfred Escher selbst 1860 sagt: Wenn die Schweiz in der Welt etwas bewirken soll, dann kann sie es nicht mit dem Bajonett erreichen, sondern nur durch ihr Beispiel des richtigen Gebrauchs der Freiheit, der gesunden Staatsfinanzen, der Stabilität und des Wirtschaftswachstums. Das heutige Zürcher Establishment würde an diesem Credo kein Iota verändern wollen.

Als Escher dies sagt, befindet sich Zürich allerdings mitten im Wirtschaftsboom, und er selbst hat dazu beigetragen. 1856 hat er zur Finanzierung des Ausbaus der Eisenbahnen die « Schweizerische

Das Gebäude der neuen Zürcher Börse, 1880 erbaut

Kreditanstalt » gegründet, sein Vorbild war die von den Gebrüdern Pereire in Paris geschaffene Crédit Mobilier de France gewesen. Die Schweizerische Kreditanstalt, die erste « Grossbank », startet mit einem Aktienkapital von 15 Millionen Franken.

Zuvor, im Jahre 1837, war die für den Handel und die expandierende Industrie bestimmte « Bank in Zürich » gegründet worden. 1862 entsteht die « Bank in Winterthur », aus der fünfzig Jahre später die « Schweizerische Bankgesellschaft » und schliesslich die UBS wird.

Das prosperierende Zürich der Industrie und der Banken genügt freilich den Schweizern nicht für ihr Glück, nicht einmal den Zürchern. Das liberale Jahrhundert endet in sozialer und wirtschaftlicher Instabilität, in der geistigen Anfechtung, in nationaler Beklommenheit. Die sozialistische, die dadaistische und die nationalistische Bewegung finden alle in Zürich eine Basis. Das 20. Jahrhundert bestätigt zwar eindeutig den wirtschaftlichen Erfolg der Stadt, wobei Maschinenindustrie und Bankgeschäft die Textilindustrie abgelöst haben, doch es offenbart auch seine Schwächung auf geistiger und kultureller Ebene. Die Kräfte, die ihm auf diesem Gebiet verbleiben, verwendet es auf das Diagnostizieren des schweizerischen «Krankseins», der schweizerischen «Malaise», des schweizerischen «Unglücks». Die Schriftsteller Friedrich Dürrenmatt, Max Frisch und Adolf Muschg geisseln die «Unverbindlichkeit» und «Hohlheit» der Schweiz, die wenn auch kein physisches, so doch ein geistiges «Gefängnis» sei, und sie rechnen auf bitterböse Weise mit diesem Land ab, das zu klein oder zu kleingeistig sei. Wieder einmal ist zu viel Geld da. Wieder einmal fehlt es an Utopien oder einfach an Zukunftsentwürfen.

Im 21. Jahrhundert ist Zürich die Schweizer Stadt mit dem grössten Gewicht, wirtschaftlich, demografisch – annähernd ein Siebtel der Landesbevölkerung wohnt in der Agglomeration – wie politisch. Doch im Charakter hat sich die Stadt nicht verändert: Sie lebt in ihrer eigenen Welt und kennt nur ihre eigenen Angelegenheiten, die durch ihr schieres Gewicht zu den Angelegenheiten des

Landes werden. Wenn « die Bahnhofstrasse », diese Meile der Grossunternehmen, dieses oder jenes denkt, wird dasselbe auch die Nationalbank denken. Ein in Zürich lebender Waadtländer oder Neuenburger wird also weiterhin sagen müssen, dass sich diese Stadt « nicht schweizerisch fühlt ».

Bern
Das politische Haupt der Schweiz

Wenn Zürich die Lunge der Schweiz ist, dann ist Bern deren Kopf. Ihr politischer Kopf zumindest. Bern hat die Schweiz « gemacht ». Sie ist die Macht im Mittelpunkt, im geografischen wie historischen Sinne. Die vom letzten Zähringerherzog Berchtold V. im Jahre 1191 in einer majestätischen Aareschleife angelegte Aristokratenrepublik Bern betreibt die Kunst der Politik und der Kriegsführung seit ihren Anfängen. Zunächst um die eigenen Besitzungen auszudehnen und zum grössten und gefürchtetsten Ort der alten Schweiz zu werden. Dann, nachdem sie 1353 der Eidgenossenschaft beigetreten ist, um deren Einfluss zu vergrössern. Die Politik ist das, was Bern am meisten liegt. Beinahe auf Kosten von allem anderen. Es war unausweichlich, das es 1848 Hauptstadt der Schweiz wurde, auch wenn Zürich noch so gerne die Rolle übernommen hätte.

Panorama der Stadt Bern, Albrecht Kauw, 1658

Fünfhundert Jahre Berufserfahrung hatten es qualifiziert. Man kann sich davon überzeugen anhand der Aufzeichnungen des Engländers William Coxe, der 1776 die Schweiz bereist und seine politischen Beobachtungen fortlaufend einem Briefpartner in London mitteilt. (Sie erscheinen danach als Buch, das auch ins Französische und ins Deutsche übersetzt wird; Coxes sehr genaue Beobachtungen sind für Napoleon eine der Quellen, anhand derer er seine Schweiz-Kenntnisse erwirbt.)

Coxe hat sich die Berner Verfassung erklären lassen, und er beschreibt sie ausführlich. Sein Bericht macht deutlich, dass es sich um ein kompliziertes Regelwerk handelt, so kompliziert, dass es die ungeteilte Aufmerksamkeit und Hinwendung der beteiligten Parteien erheischt und hauptberuflich, ohne jede Nebentätigkeit, ausgeübt werden will.

Es ist bekannt und braucht hier nicht eigens betont zu werden, dass diese Verfassung ausschliesslich die Aristokratenfamilien betrifft. Das System,

in dem sich diese bewegen, beinhaltet den Rat der Zweihundert (Grosser Rat) mit maximal 299 Mitgliedern; er ist die souveräne Instanz. Nach Coxe ist « seine Machtbefugnis die absoluteste und unbedingteste unter allen aristokratischen Staaten der Schweiz ». Im Gegensatz zu Freiburg oder Solothurn, wo die Bürger manchmal einberufen werden, wird in Bern « nie, bei überhaupt keinem Anlass, eine allgemeine Bürgerversammlung einberufen ». Die Exekutive besteht aus einem Senat mit 27 Mitgliedern. Er wählt aus seinen Reihen zwei Schultheisse als Oberhäupter der Republik sowie die wichtigsten Magistrate: zwei Säckelmeister und vier Venner (« Bannerherren »). Die beiden Schultheisse sind auf Lebenszeit gewählt, müssen aber jedes Jahr im Amt bestätigt werden. Jeder regiert ein Jahr lang, jeweils an Ostern gibt er die Führung an den andern ab. Der regierende Schultheiss « äussert nie seine Meinung, ausser er wird gefragt; er hat keine Stimme ausser bei Stimmengleichheit, in diesem Fall hat er die entscheidende Stimme». Die vier Venner, der nichtregierende Schultheiss, der ältere der beiden Schatzmeister und zwei Senatsmitglieder bilden einen Geheimen Rat, in dem die Angelegenheiten von höchster Wichtigkeit behandelt werden. Der Rat der Zweihundert behält das abschliessende Wort. «Man sieht dieses souveräne Kollegium in ständiger Betriebsamkeit und unabhängig vom Senat seine höchste Autorität ausüben.»

Die Zugang zum Senat ist raffiniert ausgedacht. Wird ein Sitz vakant, bestimmen die 26 verbleibenden Mitglieder das Ersatzmitglied anhand eines Losverfahrens, das so viele Runden durchläuft, bis nur noch vier Kandidaten im Rennen sind. Dann werden «vier Kugeln, zwei goldene und zwei silberne, von den vier verbleibenden Kandidaten gezogen; die beiden, die eine goldene gezogen haben, sind nominiert, und wer die meisten Stimmen im obersten Rat erhält, ist gewählt. Um wählbar zu sein, muss der Kandidat zehn Jahre dem Grossen Rat angehört haben und verheiratet oder verwitwet sein.»

Das Wahlverfahren für den Rat der Zweihundert ist nicht minder ausgeklügelt. Von den etwa 80 Mitgliedern, die alle zehn Jahre zu ersetzen sind, dürfen die Schultheisse, die Magistraten und andere Amtsträger etwa fünfzig direkt bestimmen, doch nach genau festgelegtem Verfahren. Für die restlichen Sitze sind Kandidaten zu wählen, die das – sehr lukrative und deshalb sehr begehrte – Amt eines Vogtes in einem Amtsbezirk oder einer Vogtei innegehabt haben.

Aus Coxes lehrreicher Darstellung lassen sich mindestens drei Berner Eigenheiten herausschälen, die zum Teil auch auf die gegenwärtige Verfassung abgefärbt haben. Die Aufteilung der Verantwortlichkeiten innerhalb eines begrenzten Kreises von Aristokraten, in dem nicht einer allein die Macht haben soll, ist die institutionelle Entsprechung der Idee der Gleichheit aller Berechtigten untereinander. Der Wahrung dieser Gleichheit diente der Rückgriff auf das Losverfahren, die Bedeutung der Kontrolle und die Bindung an Traditionen. Das Ergebnis war eine komplizierte Maschinerie, die dem, der sie gut bedienen konnte, in der kleinen Gesellschaft ihres Geltungsbereichs politisches Ansehen verschaffte.

Bewundernd erwähnt Coxe auch eine Institution, die «äusserer Stand» heisst. Sie kopiert im verkleinerten Massstab den Grossen Rat und bietet den Jungbürgern die Gelegenheit, sich in den Disziplinen der Politikführung zu üben. «Man kann diese bemerkenswerte Einrichtung als politische Bildungsanstalt für die Berner Jugend betrachten.» Sie macht die jungen Leute mit dem Funktionieren der Verfassung vertraut, und durch die Übungen im politischen Debattieren « werden sie fähiger, der Allgemeinheit zu dienen. »

Die Aristokratie Berns insgesamt bildet so eine « politische Klasse », die für Nichtbürger – Neueinbürgerungen gibt es ab 1651 nicht mehr – ebenso unzugänglich ist wie für Fremde. François Robert, der Geograf Ludwigs XVI., der kurz nach Coxe die Schweiz bereist, findet das bedauerlich: « Der gewaltige Abstand, der die Souveränen von jenen trennt, die bloss das Volk sind, wirft Traurigkeit auf die Stadt und verhindert, dass man sich erneut in ihr aufhalten möchte. Die Fremden kommen sie ansehen, und sie kehren um. »

Das äussere Bild der Aristokratenstadt ist allerdings nicht enttäuschend. Die städtische Ästhetik resultiert aus der politischen Geschichte: Ausgeprägter Egalitarismus der in langen Reihen aneinandergebauten Wohnhäuser; Augenscheinlichkeit des Wohlstands, abgemildert durch Bescheidenheit. Nichts Hohes, nichts Grosses, aber städtische Versorgungseinrichtungen, die hübsch anzusehen und praktisch sind – Brunnen, Uhren –, dazu allüberall perfekte Reinlichkeit als Beweis der Sorgfalt, die man dem öffentlichen Raum zuwendet. Dank klug angelegter Speicher ist man in Bern wohlgenährt und gut untergebracht, wird aber kontrolliert, überwacht, eingeschränkt. In Bern gehört es sich nicht, Handel, ein Gewerbe oder Fabriken zu betreiben. «Zwar gibt es einige Tuch- und Seidenmanufakturen», notiert Coxe, «doch sie werden ausschliesslich von jenen betrieben, die keinerlei Aussicht haben, zum Grossen Rat zugelassen zu werden. Die Familien, die auf die öffentlichen Angelegenheiten Einfluss haben, würden sich erniedrigt glauben, wenn sie sich an einem Handelsgeschäft beteiligten.» Sie legen also ihr Kapital in Grundbesitz an und wundern sich, wie es die 1687 geschaffene Handelskammer tut, dass sich gewinnträchtige Industrien nur mit Verspätung in der Stadt ansiedeln.

Mit der Politik geht das Militärische einher. Der Geheime Rat gehört zu jenen Gremien, die am besten über die internationale Lage und die Kräfteverhältnisse zwischen den europäischen Höfen informiert sind. Der Rat entscheidet unter anderem über die Soldgelder aus dem Fremden Diensten, aber auch darüber, wie Gefahren für die Stadt abzuwenden sind. Der Schultheiss und der Grosse Rat haben die Streitkräfte aufzustellen, denen als Offizier anzugehören Ehrensache ist. Im Jahre 1721 umfasst die Bernische Infanterie 6 Auszugsregimenter mit 13 200 Mann, 8 Füsilierregimenter (9600 Mann), das «Sukkursregiment für Genf in der Waadt» (1014 Mann) sowie 118 Kompanien der Territorialtruppe (21 000 Mann). Noch Ende des 18. Jahrhunderts sind fast 80 000 Männer wehrpflichtig, sie haben ihre Waffen und müssen zu regelmässigen Übungen einrücken. Es ist fast ein Fünftel der Bevölkerung.

Doch als am 5. März 1798 die von den Generälen Schauenburg und Brune befehligten Armeen des Revolutionären Direktoriums vor Bern stehen, vermögen die Berner Streitkräfte nichts, und sie tun auch nichts. Die Eidgenossenschaft bricht an ihrer stabilsten Stelle zusammen, da, wo die Freundschaft mit Frankreich am engsten war. Die Bevölkerung empfängt die Eroberer nicht mit Freude, doch der Aristokratie trauert sie nicht nach.

Das Ancien Régime hat überlebt, auch wenn es sich nach dem Wiener Kongress für kurze Zeit zurückmeldet. Dennoch: Die politischen Sitten der heutigen Eidgenossenschaft, das Wahlverfahren für die « Bundesräte », diese Repliken der Schultheissen von damals, die Aufteilung der Kompetenzen zwischen den Kantonen, die Art der Regierungsorganisation, all das beweist zur Genüge, dass sich ein gutes Stück der alten politischen Kultur Berns in die politische Kultur von heute hinübergerettet hat. Diese Stadtrepublik hat nicht nur territorial, sondern auch kulturell die Schweiz hervorgebracht. Wenn in Zürich der Geschäftssinn beheimatet ist, dann in Bern der Staats-Sinn.

Bundeshaus im Jahre 1910

Als in den 1860er-Jahren die Eisenbahnen gebaut wurden, wollte der Zürcher Alfred Escher, der erste Nationalratspräsident, Privatbahnen haben. Der Berner Tribun Stämpfli wollte eine Staatsbahn. Escher obsiegte, die Bahnen waren privat. Dann machten sie Konkurs, und der Staat hat sie übernommen. Der Berner Stämpfli war Sieger im zweiten Durchgang. Die Debatten verlaufen heute ähnlich. Zürich braucht die Schweiz nicht. Bern ist nur denkbar mit der Schweiz.

Basel
Europastadt, wo die Lebenden die Toten herausfordern

Basel, die Stadt am Fluss, am Rhein, ist ein Kreuzungspunkt. Hier treffen Staaten, Sprachen, Religionen aufeinander, hier begegnen sich zwei Welten, der europäische Norden und der mediterrane Süden, im Austausch von Waren, von Menschen, von Ideen. Die Stadt ist, wie der Historiker Jacques Le Goff, sagt, ein « Kulturenmakler ». Über das heutige Basel reden heisst auch, davon zu erzählen, was diese Stadt alles ermöglicht hat. Vom materiellen und geistigen Rahmen, den sie geboten hat für grosse Ereignisse und für grosse Männer mit grossartigem Werk, die sich in ihr niederliessen. Von der bei Basel sofort einleuchtenden Logik, wonach Grosses auch diejenigen grösser werden lässt, die mit ihm Umgang haben, was wiederum Grosses anlockt. Man nennt so etwas « Milieu ». Manche sagen auch « Biotop ».

In seiner monumentalen Kulturgeschichte Basels spannt Alfred Berchtold einen Bogen, der sich wie natürlich vom Konzil (1432–1449) zur heute bekannten jährlichen Mustermesse spannt. Folgen wir ihm in sehr groben Zügen, die, sollten sie allzu grob sein, doch Umrisse erkennen lassen.

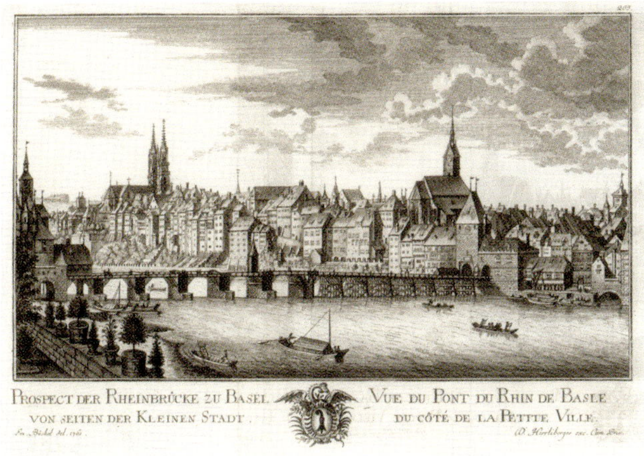

Basel mit Rheinbrücke, Erlichberger, 1754

Das Konzil ist im 15. Jahrhundert das Medienereignis schlechthin und trägt Basel in die politische Landkarte Europas ein. Es versammelt, was in der Christenheit Rang und Namen hat: Kardinäle, Bischöfe, Denker, auch unorthodoxe, denn selbst die Hussiten sind eingeladen, ihre Causa zu vertreten. Um sie herum eine Menge von Pfarrern, Mönchen, Ordensbrüdern und Kopisten, die zur persönlichen Erbauung oder im Auftrag ihres Klosters oder ihrer Pfarrei gekommen sind. Es muss ähnlich zugegangen sein wie heute bei einem G8-Treffen oder einem UNO-Klimagipfel mit all den Beobachtern und NGO-Vertretern. Damals hiessen die The-

Der Heilige Geist kommt über das Konzil von Basel,
Schedelsche Weltchronik, 1493

men: Wiederherstellung der durch mehrere Gegenpäpste bedrohten Einheit der Kirche, Zurückdrängung von Häresien (Ketzerei), Reformen. Die 17 Jahre der Debatten führen nacheinander zu Zugeständnissen gegenüber den Hussiten, zur Aufnahme des Dialogs mit den griechischen Orthodoxen bei gleichzeitiger Verhärtung der Politik den Juden gegenüber, zur Absetzung eines Papstes und zur

Wahl eines neuen und letzten Gegenpapstes in der Person Felix' V. Doch obwohl sie der römische Kurie gegenüber auf ihre hierarchisch übergeordnete Stellung pocht, wie sie seit dem Konzil von Konstanz gilt, scheitert die Basler Versammlung völlig beim Versuch, in der Kirche einen parlamentarischen Geist einzuführen.

Von der neuen Berühmtheit abgesehen, bleibt in der Stadt gleichwohl etwas von diesem Versuch hängen, nämlich ein «Geist» des Dialogs, derselbe, den 1912 ein Jean Jaurès auf dem Kongress der Zweiten Internationalen beschwören wird, vergeblich auch er. Basel verdankt diesem *global meeting* eine kräftige Belebung in geistiger, kultureller und wirtschaftlicher Hinsicht: Es sind gewaltig viele Menschen von auswärts gekommen, die es zu begrüssen, vorzustellen, zu bewirten, zu beherbergen, zu befördern, mit Hartgeld auszustatten gilt; zahllose Kleriker, die sich hervortun wollen, benötigen Papier, Tinte und Bücher. Herbergen, Banken und Papeterien entwickeln sich und bereiten den Boden für das spätere Druck- und Verlagswesen, das bis heute eine grosse Basler Spezialität ist.

Kurze Zeit nach dem Konzil, im Jahre 1460, öffnet eine Universität ihre Pforten, die erste in der Schweiz und, von den Akademien abgesehen, die einzige bis 1831. Da sind Professoren aus Frankreich, Italien, Deutschland und Spanien, und Studenten, die in römischem Recht, lateinischer Literatur, Theologie oder in den Künsten unterwiesen werden wollen. Jetzt braucht es noch mehr Papier, auch als Ersatz für das schwere und teure Pergament.

Seit der Erfindung Gutenbergs (ihr 400. Jahrestag 1840 wird in Basel ausgelassen gefeiert) bietet der Ort günstige Voraussetzungen für die Entwicklung des Buchdrucks: eine starke Nachfrage nach kirchlichen Schriften in der ganzen Region, zahlreiche Buchspezialisten in den konventionellen Bibliotheken ringsherum, dienstbare Studenten für die Korrekturarbeiten, fähige Metallfachleute und an der Papierbranche interessierte Kaufleute. Im 15. Jahrhundert vervielfacht sich die Zahl der Werkstätten, es entstehen Firmen, und im 16. Jahrhundert tauchen die grossen Namen des Basler Buchdrucks auf: die Oporin, Amerbach, Froben. Ohne Letzteren hätte Erasmus die Stadt nie betreten.

Johannes Froben ist der «König des Buchdrucks», zwischen 1513 und 1527 druckt er 320 Bände in typografisch und illustratorisch unerreichter Qualität. Er ist er auf der Suche nach einem Autor, als Erasmus ankommt, der einen Verleger sucht. Genauer gesagt den Verleger, der 1513 einen Raubdruck seiner *Adagia* herausgebracht hat und dabei die Ausgabe des Venezianers Aldus Manutius nachahmte; der danach die überarbeitete und erweiterte Version derselben *Adagia* einem Pariser Drucker wegschnappte. Wer ist dieser unverschämte Froben? Erasmus klopft bei ihm an die Tür und stellt sich als « Doppelgänger des Erasmus » vor.

Die Maskerade wird zur folgenreichen Begegnung. Einige Monate später kommen die Brüder Holbein hinzu. Das Trio Erasmus-Froben-Holbein wird der Basler Buchdruckkunst ihren internationalen Ruf verschaffen und der Stadt Basel ihr Renommee als Stadt des Geistes und der Kunst. Der Humanist trägt nicht nur mit jenem eigenen Schaffen dazu bei, sondern auch mit dem seiner Freunde, voran Thomas More, dessen *Utopia* Froben im Jahre 1518 mit Illustrationen der Brüder Holbein herausbringt. Der Drucker, der im Wettlauf mit einer spanischen Gelehrtengruppe auch die erste griechische Version des Neuen Testaments herausbringen will, schickt Erasmus auf Bibliothekentour, um Handschriften aufzutreiben. Eine hat bereits Johannes von Ragusa für das Konzil aus Konstantinopel herbeigeschafft.

Erasmus' Übersetzung wird früher erscheinen als die von Cisneros (die mehrsprachige Bibel von Alcalá). Trotz der vom Autor selbst beklagten Mängel wird Luther sie zur Grundlage seiner Übersetzung machen.

Frobens Haus wird für Erasmus zum Heimathafen. *Ich finde kaum Worte, wie sehr mir die Atmosphä-*

re Basels und der Charakter seiner Bewohner gefallen: überaus freundlich … überaus redlich, schreibt er an Morus. Er stirbt 1536, auf einem Porträt verewigt, das Hans Holbein 1523 gemalt hat – es ist dieser *schreibende Erasmus,* der heute als vielbewunderte Renaissance-Ikone im Kunstmuseum Basel prangt.

Der Philosoph vermacht Bonifacius Amerbach, dem Sohn seines geschätzten Mitarbeiters in der Froben-Werkstatt, zahlreiche Handschriften und wertvolle Gegenstände. Das Vermächtnis enthält namentlich zwei bedeutende Holbein-Werke, ein Erasmus-Porträt von 1530 sowie eine Zeichnung der Familie von Thomas More, die dieser Erasmus geschenkt hatte. Bonifacius lässt für diese Reliquien eine Truhe herstellen: die *Erasmus-Truhe,* die er selbst wiederum seinem Sohn Basilius vermacht. Basilius, der letzte Amerbach, ist der erste der grossen Sammler, die Basel zur Messe- und Kunststadt machen werden.

Basilius sammelt alles: Objekte, Bücher, Bilder, Instrumente, Funde aus Grabungen in römischen Siedlungen der Region. 1560 beziffert er die Sammlung auf 4103 Stücke. 1586 besitzt er 104 Holbein- und Dürer-Zeichnungen und hat die von Holbein illustrierte Ausgabe von Erasmus' *Lob der Torheit* erworben. Einige Jahre vor seinem Tod beinhaltet

Der Schreibende Erasmus von Rotterdam, Hans Holbein

sein Fundus etwa fünfzig Holbein-Werke, darunter einige der schönsten, wie *Die Familie des Künstlers, Der tote Christus im Grabe, Erasmus, Bildnis des Bonifacius Amerbach,* ausserdem 3356 Kupferstiche, 525 Holzschnitte, 1866 Zeichnungen von zumeist schweizerischen und deutschen Meistern, dazu eine Menge Objekte und Kuriositäten.

Für sechzig Jahre geht die Sammlung auf seine Iselin-Neffen über. Als Mitte des 17. Jahrhunderts ein holländischer Kunsthändler sie aufkaufen will, erreicht Bürgermeister Wettstein, dass der Basler Rat sie für 9000 Reichstaler erwirbt und der Universität anvertraut, die sie öffentlich zugänglich machen soll. Es ist der Gründungsakt einer Kulturpolitik, die in diesem Jahr 1661 die Basler und die Kunst aneinanderbindet. Und die in der Folgezeit zu Schenkungen anregt, Mäzene ermuntert und bei den Fachleuten wie bei der Bevölkerung zur vielfältigen produktiven Auseinandersetzung mit den Werken führt. Als 1967 die Exekutive beschliesst, zwei Picasso-Bilder anzukaufen, gibt es Widerspruch, und man lässt das Volk entscheiden. Nach einer stürmischen Kampagne, bei der alles gesagt wird, was man über das Wesen und die Zukunft der Kunst sagen kann, votiert die Bevölkerung mit grosser Mehrheit für den Kauf. Picasso ist so gerührt, dass er zum Dank zwei zusätzliche Bilder schenkt. Der Vorfall wurde berühmt. Berühmt als

Episode einer im Basler « Kulturbiotop » lange und geduldig gepflegten Liebe und Verehrung für die Reichtümer der Kunst und des Geistes. Die Bilderliebhaberei sei das, wofür die Basler am leichtesten Geld ausgeben, schrieb 1781 ein Berner Vogt.

1977 stiftet die Konsumgenossenschaft Migros der Stadt einen Brunnen, ein Werk des aus Basel stammenden Künstlers Jean Tinguely, des « Brunnenmeisters der westlichen Welt », wie Alfred Berchtold sagt. Karnevalshaft – er heisst auch « Fasnachtsbrunnen » – verteilt er seine neckischen Fontänen auf dem Theaterplatz, um mit Humor das vielleicht allzu schwere Erbe erträglicher zu machen, das die Schweizer Rheinstadt fortzuführen hat: Treffpunkt der Ideen, der Formen, des Lebens nach der Pest von 1348 und dem Erdbeben von 1356 mit anschliessendem Brand, als der Tod sich am Rheinknie häuslich einzurichten schien. Der Tinguely-Brunnen wirkt, als verspottete er mit närrischem Treiben diesen Tod, der bei Basler Künstlern wie Arnold Böcklin (*Die Toteninsel, Die Pest*) so präsent ist, oder als parodierte er die Meeresungeheuer der *Cosmografia* des Sebastian Münster, die 1544 bei Heinrich Petri erschienen.

Das Lachen des Lebens gegen das Grinsen des Todes ist Basels Kardinalthema. Angefangen mit dem Tod von Basel aus der Predigerkirche, der auf 57 Meter Länge neununddreissig Paare – ein Toter,

Szene aus dem Totentanz: Christus am Kreuz und *Totenkonzert im Beinhaus,* Kopie von Niklaus Manuel Deutsch nach Albert Kauw

ein Lebender – zeigt und nach der mörderischen Pestepidemie in der Konzilszeit entstand, oder die vierzig *Totentanz*-Holzstiche von Hans Holbein, die 1538 erschienen und einen ungeheuren Erfolg hatten, bis hin zu Tinguely, der ihm mit dem *Mengele-Totentanz* ebenfalls ein Werk widmete. « Mit der Vergänglichkeit stand ich schon immer auf gutem Fuss », sagte er lachend.

Ist es diese Nähe zum Tod und zu den Störungen der Seele und des Körpers (wie Dürer sie gestaltete in seinen Illustrationen zum 1494 erschienenen Comic-Bestseller *Das Narrenschiff* von Sebastian

Brant), was Basel zu diesem medizinischen und chemischen Laboratorium hat werden lassen, und dadurch zur Wiege einiger der mächtigsten Pharmafirmen der Welt?

Von Oekolampad gerufen, verbringt Paracelsus von März 1527 bis Januar 1528 elf Monate seines Lebens in Basel. Als Erstes erspart er dem Drucker Froben mit einem Medikament eine Beinamputation. Bonuspunkt. Man bietet ihm Vorlesungen an der Universität an, die er auf sehr unorthodoxe Weise hält, nämlich auf Deutsch und mit der Schürze angetan. Das beschert ihm ein zahlreiches Publikum, aber auch Feindschaft von mehreren Seiten. Den Körper heilt man nicht mit Bücherweisheit, sondern mit physikalischem und chemischem Wissen, doziert er. Man muss seine Geheimnisse durchdringen, ihn erspüren, ihn mit den Händen und den Augen behandeln, in der Natur für ihn Gifte suchen, die, richtig dosiert, seine Widersacher ausrotten und ihn gleichzeitig schützen … All das ist neu. Paracelsus verficht es mit der Leidenschaft eines Luther der Medizin vor einer Corona gestandener Doktoren.

Er kommt zu spät, und zu schlecht an. Grob, eigensinnig und unbedachtsam wie er ist, verliert er die Unterstützung der Humanisten und ihrer Freunde, der Drucker. Trotz seiner Behandlungserfolge wird er verjagt.

Doch seine Vorlesungen, seine Schriften, seine Forschungen und seine Erfindungen bleiben. Sie haben eine Spur hinterlassen, die einige Zeit später wieder aufgefunden und seiner Bedeutung entsprechend eingeschätzt wird. Seine Lehre wird Schule machen und er wird Schüler haben. Basel, das ihm nur eine ganz kleine Chance gab, wird ihm gewaltig viel zu verdanken haben.

Basel, diese vom Glück verwöhnte, kunstsinnige, gelehrte, humanistische und tolerante Stadt, die aber auch weiss, was Tod und Leidenschaft bedeuten, verschreibt sich der Entwicklung von Arzneien gegen das Altern, den Krebs, die geistige Verwirrung. Sie blickt dabei auf den vorbeifliessenden Rhein, der ihr Tor zum Meer und zur Welt ist.

Freiburg – Fribourg

Eine Brücke zwischen der Deutschschweiz und der Romandie

Historisch ist Freiburg – französisch Fribourg – das Bollwerk und Refugium des westschweizerischen Katholizismus. Nach frühen Regungen eines katholischen Humanismus im 16. Jahrhundert organisiert sich hier die entscheidendste Gegenwehr gegen die Reformation; hier kann sich der konservative Flügel der Gegenreformation und später der

Gegenrevolution häuslich einrichten. Zum Zeichen seiner Ablehnung laizistischer und liberaler Ideen gibt sich Freiburg zu Beginn des 20. Jahrhunderts den Beinamen « christliche Republik ». Rings umschlossen von protestantischen Gebieten, bezieht es Präsenz und Ausstrahlung aus der treuen Anhänglichkeit an Rom, an den Papst und seine Kirche.

Gegründet wird die Stadt 1157 von Berchtold IV. von Zähringen, in jener grossen Zeit der Städtegründungen im schweizerischen Mittelland, mit denen die Herrengeschlechter ihren Besitz ausbauen und aufwerten wollen. Als neue und freie Stadt (Frei-Burg) geht sie 1218 an die Kyburger über, 1277 wird sie von den Habsburgern gekauft, die sie gegen Ansprüche Savoyens schützen. 1452 gerät sie, obwohl mit Bern verbündet, gleichwohl unter savoyische Herrschaft bis zur Befreiung 1477 und zum umstrittenen Beitritt zur Eidgenossenschaft, in die sie 1481 als erstes zweisprachiges Mitglied aufgenommen wird. Freiburg ist zu dieser Zeit, wie das gleichzeitig und gegen dieselben Bedenken der Waldkantone aufgenommene Solothurn, ein prosperierender Stadtstaat. Mit seinen 5000 Einwohnern ist es längst über die alten Stadtmauern hinausgewachsen, und es hat ein bedeutendes Tuch- und Ledergewerbe entwickelt, für das es Wolle und Häute aus der ihm untertanen « Alten Landschaft » mit ihren grossen Schafherden bezieht. Seine poli-

Freiburg aus erhöhter Perspektive,
Kupferstich von Martin Martini, 1606

tischen Institutionen haben sich zusehends hin zu einer Machtkonzentration in den Händen der Patrizier entwickelt. Der « Vennerbrief » von 1404, der bis zum Ende des Ancien Régime als Verfassung fungieren wird, hat den Weg zur Errichtung eines strikt oligarchischen Patrizierregimes bereitet. Mitte des 15. Jahrhunderts sollen siebenunddreissig Familien die Hälfte des in der Stadt angesiedelten Vermögens besessen haben.

Ende des 15. Jahrhunderts liegt das Schulwesen in den Händen kirchlicher Einrichtungen: Rund um die Kathedrale Saint-Nicolas haben sich zahlreiche Klöster und Ordenshäuser niedergelassen. Anders als Basel oder Genf besitzt Freiburg zwar keine Druckereien, doch die Erneuerungsbewe-

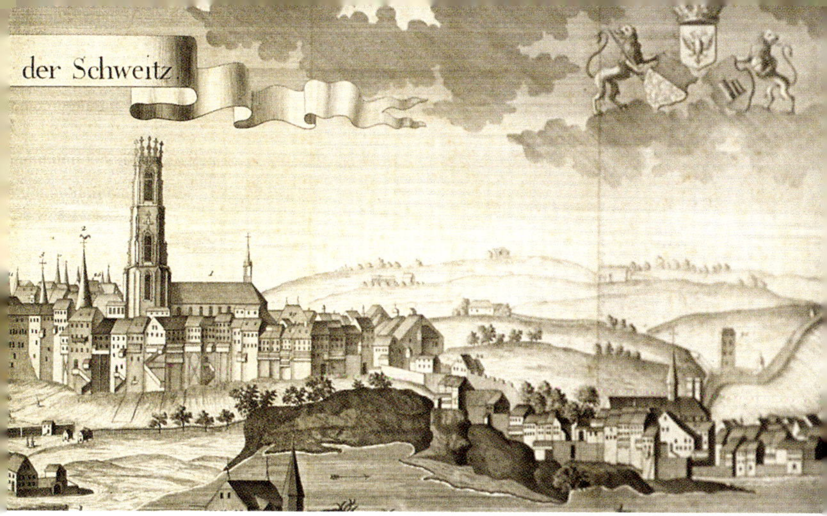

gung, die den Glauben und die religiöse Praxis reformieren will, ergreift auch die intellektuellen Zirkel um einen Peter Falck, den Erasmus und die italienischen und schweizerischen Humanisten inspiriert haben: Glarean aus Glarus, die vorreformatorischen Zwingli und Vadian, der Walliser Kardinal Matthäus Schiner. In den Jahrzehnten, die der Reformation vorausgehen, beteiligt sich eine geistige Elite der Stadt an den zahlreichen Disputationen innerhalb der Kirche. Doch Freiburg tritt nicht zum neuen Glauben über. Und sollte es dazu versucht gewesen sein, hat eine Erklärung des Rates der Zweihundert gegen das Eindringen der Lutherlehre im April 1522 dafür gesorgt, dass es nicht dazu kam.

Eine für die damalige Schweiz bemerkenswerte Besonderheit liegt darin, dass nicht die Kirche, sondern die Politik die Verteidigung der Tradition übernimmt. Sie weist die Fremden aus, befiehlt die Vernichtung ketzerischer Bücher, verbrennt Luthers Schriften auf öffentlichem Platz, verpflichtet die Gastwirte zur Anzeige verdächtiger Gäste und die Landpfarrer zur Bekräftigung ihrer Rechtgläubigkeit, bestraft Bürger, die sich Toleranz haben zuschulden kommen lassen.

Nach so viel Überwachung und Unterdrückung kann Freiburgs Regierung 1542 an jene Solothurns schreiben, die katholische Sache habe endgültig gesiegt.

Für diesen schnellen und dauerhaften Sieg gibt es mehrere Deutungen. Einige Historiker verweisen auf das Fehlen grosser charismatischer Persönlichkeiten, die in Freiburg der Reformation hätten zum Durchbruch verhelfen können, wie Zwingli in Zürich, Haller in Bern, Oekolampad in Basel, Vadian in St. Gallen oder Farel und Calvin in Genf. Das katholische Lager hingegen habe solche Männer gehabt, namentlich in Hieronymus Mylen oder Konrad Treger, die eng mit den politischen Instanzen zusammenarbeiteten. Ein zusätzlicher Faktor kann gewesen sein, dass die Freiburger die von den Reformierten scharf verurteilten Söldnerdienste nicht aufgeben wollten. In Zeiten wirtschaftlicher

Stagnation und schwacher Zünfte auf die Einkommensquelle der Fremden Dienste zu verzichten, mag als zu riskant erschienen sein. Die enge Bindung an Frankreich hat wohl ebenfalls eine Rolle gespielt, Freiburg war ja der Ort, an dem 1516, nach der Niederlage der Schweizer bei Marignano, der Ewige Frieden unterzeichnet wurde, aufgrund dessen sich die Eidgenossenschaft mehrere Jahrhunderte lang aus den grossen Kriegen heraushalten konnte.

Nachdem Freiburg die Ideen der Reformation abgewehrt hat, öffnet es sich für die Lehren des Konzils von Trient. Treibende Kraft ist ein neuer humanistischer Kreis um den aus einer Patrizierfamilie stammenden, ebenso sittenstrengen wie selbstlosen Theologen Peter Schneuwly. In seiner Funktion als Propst und Generalvikar bekämpft er das Konkubinat im Klerus, das die Regierung aus Gefälligkeit gegen die Pfarrer durchgehen lässt, um keinen Priestermangel befürchten zu müssen. Schneuwly macht sich daran, die Autonomie der kirchlichen Hierarchie wiederherzustellen und das Erziehungswesen umzugestalten, wozu er das Jesuitenkolleg gründet, wo bald der grosse Peter Canisius lehren wird.

Ein Jahrhundert später, 1662, als der Bischof von Lausanne, der wegen der Reformation seinen Sitz in Genf eingebüsst hat, in Freiburg einzieht, ist die

Stadt das katholische Zentrum der Westschweiz und Brennpunkt einer sehr regen religiösen Kultur. Doch so sehr sie als Bastion des Ultramontanismus auftritt, ihre Lage an der Sprachgrenze lässt sie immer wieder nach Vermittlungslösungen suchen. Das in religiöser Hinsicht so unnachgiebige Freiburg ist auch eine *Friburgia Mediatrix*, die in der Politik auf Entspannung und Versöhnung hinarbeiten muss. Diese beiden gegensätzlichen Züge hat Freiburg heute noch. Eine verschmitzte, zivilisierte Umgänglichkeit mit einem Hauch von Schlitzohrigkeit präsentiert das Ausweichen vor Konflikten charmant als Weisheitsbeweis.

So geschickt das Freiburger Patriziat in seiner Aussenpolitik mit den protestantischen Kantonen umgeht, insbesondere mit dem benachbarten Bern, gegen dessen Vereinnahmungsgelüste es sich mit dem französischen Gegengewicht absichert, so taub ist es im Inneren für die sozialen Forderungen, die ab 1780 laut werden. Wie das Berner Patriziat erachtet es seine Langlebigkeit als unanfechtbaren Beweis für die Rechtmässigkeit seines Herrschaftsanspruchs. Doch im ausgehenden 18. Jahrhundert begehren die Bauern auf, denen es die religiösen Festtage weggenommen hat; auch die nichtprivilegierten Bürger sind unzufrieden, weil sie in ihren Unternehmungen behindert werden und politisch unterrepräsentiert sind; genauso unzufrieden sind

Freiburg von Nordosten gesehen, im Vordergrund die Hängebrücke,
kolorierte Lithografie von Eugène Ciceri, Mitte 19. Jahrhundert

die von der Macht ausgeschlossenen Adligen. Das Fundament des Regimes bröckelt.

Vom um sich greifenden revolutionären Gedankengut bedrängt, erhält es ab 1792 Verstärkung von Seiten deportierter französischer Priester und Bischöfe, die in den katholischen Ort strömen; sie sind antirevolutionär gesinnt und stark im Intrigieren. Freiburgs Schicksal ist dennoch besiegelt. Genau wie Bern bricht es in sich zusammen, als am 2. März 1798 General Pijon einmarschiert. Französisch löst nun Deutsch als offizielle Sprache ab. Die fünf Jahre der Helvetischen Republik bringen reihenweise Enttäuschungen. Nicht nur wird der

Ludwig von Affry, 1. Landammann der Schweiz,
Johann Heinrich Lips, Stich in Punktiermanier

bäuerliche Zehnt nicht abgeschafft, wie General Brune es versprochen hatte, es kommen sogar neue Steuern hinzu, zusätzlich zu den Zwangslieferungen für die napoleonische Armee. Und wie stets in Freiburg, sind es religiöse Angelegenheiten, die die Energien mobilisieren. Als sich Massnahmen gegen den weltlichen Klerus häufen, kommt es im Januar 1800 zu einem ersten Aufstand, zwei Jahre danach zu einem zweiten.

In diesem Kanton hat die Helvetik alle ihre Versprechungen verraten und ihre Kräfte sind erschöpft. Erst mit der Mediationsakte von 1803 und der Ernennung des Freiburgers Louis d'Affry zum ersten Landammann der Schweiz gewinnt die Stadt ein gewisses Selbstvertrauen zurück. Sie ist die erste der sechs rotierenden Hauptstädte des neuen Regimes. Die Regierungsverantwortlichen bezeichnen « das Glück des Volkes » als ihr Ziel. Wäre es nicht lohnend gewesen, eine Weile auf sie zu hören? Napoleon stützt sich auf die Adligen, die durch ihre Mittelstellung zwischen der verfemten Oligarchie und dem unterdrückten Volk als Gemässigte erscheinen. Doch ihr Stern strahlt nur so lange wie jener Napoleons. Nach fünfzehn Jahren gegenrevolutionärer Propaganda hat die patrizische Oligarchie 1814 leichtes Spiel, die Macht wieder an sich zu reissen. Sie stellt unverzüglich alle ihre alten Rechte wieder her, auch die über « ihre » Untertanengebiete, und proklamiert als fast Einzige in der Schweiz die Rückkehr zur persönlichen Ungleichheit. Sie hievt einen erklärten Feind des « aufgeklärten Katholizismus » auf den Bischofssitz und dekretiert die Unvereinbarkeit von Christentum und Revolution. Sie ruft die Jesuiten zurück, die nach sechsundvierzig Jahren Abwesenheit wieder in das Kollegium St. Michael einziehen. Der Beschluss hat europaweite Auswirkungen: Freiburg wird zum wichtigsten Zentrum der Gesellschaft Jesu nördlich der Alpen. Die Schule wird sich mit ihrem Internat mit Schülern aus allen Kontinenten einen weltweiten Ruf erwerben.

Das Freiburger Restaurationsregime ist zu altertümlich, um dem liberalen Ansturm der Dreissigerjahre standzuhalten, der selbst wiederum zu wenig gefestigt ist, um die Rückkehr der Konservativen in den Vierzigerjahren zu verhindern. Freiburg ist innerlich zerrissen, instabil. 1847 tritt es dem von den protestantischen Kantonen als illegal eingestuften katholischen « Sonderbund » bei und wird zum Schauplatz des Krieges, bei dem sich General Dufour an der Spitze der Reformierten innerhalb von drei Wochen durchsetzt.

Auf die Niederlage folgt am 15. November 1847 sogleich ein Staatsstreich der Freisinnigen, welche die Stadt und ihren Kanton auf ihre Weise in die neue bundespolitische Architektur einfügen. Der traditionelle Freiburger Autoritarismus verschwindet nicht, er wechselt die Seite. Die Freisinnigen Freiburgs sind nicht weniger eine Minderheit als die Oligarchie es war, und auch sie führen sich als Herren auf: « Alles für das Volk, nichts durch das Volk. »

Eine « christliche Republik »

Das Regime, das sie errichten, hält allerdings nicht. Von Krise zu Aufstand, wobei es im Kern stets um die Position und den Status von Klerus und Kirche geht, mündet es 1886 in die bis zum Ersten Weltkrieg währende persönliche Herrschaft eines Mannes mit Bismarck-Allüren: Georges Python. Als

Führer der Katholisch-Konservativen Freiburgs errichtet er eine Form des Korporativismus, der Liberalismus und Etatismus vereint und die Zusammenarbeit von Kirche und Staat konsolidiert. Er entwirft für Freiburg das Zukunftsbild einer «christlichen Republik», das den Kanton in die Modernität befördern soll durch die heilsame Wirkung der Schule und der katholischen Soziallehre, wie sie in der weitgehend auf Vorarbeiten der *Union de Fribourg* beruhenden Enzyklika *Rerum novarum* definiert ist. Das sozialistische Gedankengut ist nun einmal da, jetzt soll es eingedämmt werden, und Python widmet sich der Sache mit der ganzen Überzeugung eines Chefs, der Arbeiter und Bauern zu einem selbständigen Urteil nicht fähig hält. Unter seinem Regiment entsteht eine Universität, und trotz Widerständen in den ländlichen Gebieten entwickelt sich etwas Industrie, auch die Eisenbahn kommt, wenngleich zaghaft. Mit Python, dem «unverbesserlichen Freund des Fortschritts», ist Freiburg auf seine Weise in die moderne Welt eingetreten.

Heute ist es eine ganz eigene Stadt in der Schweiz. Von der Bevormundung durch Kirche und Notabeln befreit, hat sie ihre politischen, religiösen und gesellschaftlichen Sitten abgemildert. In ihrer Scharnierrolle innerhalb der Eidgenossenschaft behauptet sie sich. Die gelebte deutsch-französische

Zweisprachigkeit, Resultat permanenter Machtkämpfe zwischen den Bevölkerungen und Klassen beider Kulturen, lässt heute stärker als anderswo eine Eigenheit des schweizerischen Patriotismus hervortreten: Er wurzelt mehr in der Geschichte und in den Institutionen als in der Sprache. In zwei Sprachen demselben Kanton, demselben Vaterland, derselben Religion anzugehören, lässt die sprachliche Identität hinter die historische zurücktreten. Und vielleicht fördert es die Herausbildung neuer Identitäten: Freiburg, das als « die Katholische » einer religiösen Welt angehört, in der die Sprachen sekundär sind, ist nicht grundlos derart europäisch gesinnt. Diese Art, sich in der Zweisprachigkeit Form und Gestalt zu geben – mit all den sich daraus ergebenden Schwierigkeiten: heute ist es das Französische, das sich bedroht fühlt –, ist ein Hauptgrund für den Kult, den Freiburg dem Föderalismus weiht. Der Föderalismus ist das, was einen Minderheits- und Enklavenstaat wie den seinen davor bewahrt, in einem grösseren und stärkeren Staat aufgehen zu müssen. Es ist eine moderne Version des Diözesansystems der Kirche, das unter dem allgemeinen Gesetz Roms das Lokale respektiert. Freiburg « bekennt » den Föderalismus, es propagiert ihn und möchte ihn in den Rest der Welt exportieren als Modell für etwas, das, nachdem es sich im eigenen Fall als Rettung vor dem radikalen Einheitsstreben des 19. Jahrhunderts erwiesen hat, auch andere erretten könnte.

Was nicht heissen will, dass es selbst nicht von Zweifeln beschlichen würde, wo es denn eigentlich steht in der heutigen Schweiz, die zunehmend überkantonale Einheiten bildet. Wo ist sein Platz bei dieser Neuausrichtung? Im Süden der Deutschschweiz? Im Norden der Romandie? Das letzte Wort ist noch nicht gesprochen.

St. Gallen
oder der Bund mit dem Bären

St. Gallen ist eine « reiche, friedliche, konservative und höfliche Stadt », sagte der Westschweizer Schriftsteller Charles Albert Cingria in der Einleitung zu seiner Schrift *La civilisation de Saint-Gall* (1929). Nicht « friedlich » wie irgendeine andere Stadt der modernen Schweiz, nein, der Dichter entdeckte im Gesicht seiner Bewohner « Schwerblütigkeit, Originalität, Humor ». Er liess sich zum Gefühl verleiten, nicht « unter Germanen » zu sein, sondern « irgendwo in England ». « St. Gallen ist eindeutig der *Irish*-Kanton der Schweiz », befand er, hingerissen von seinem Gegenstand. Damit verleiht er der Vergangenheit wohl zu grosses Gewicht. Doch diese Vergangenheit ist so ruhmreich

und von so mächtiger Wirkung, dass der metaphorische Überschwang verständlich und verzeihlich wird.
Aus dem Abenteuer der kleinen Schar irischer Mönche, die im 6. Jahrhundert in die Gegend kam, erwuchs nämlich eine ganz eigene religiöse Kultur, die man für syrisch beeinflusst halten könnte mit ihren Miniaturenmalern, Kopisten, Illustratoren und Kalligrafen; mit ihren Übersetzern, die als Erste die deutsche Hochsprache schriftlich fixierten; mit einer Lyrik, die in Frankreich, England, ganz Deutschland und Italien den Ton angab. Allüberall seien die Kyrie der Notker, Ratpert, Tuotilo, Iso zu hören gewesen, schreibt Cingria. Und er zitiert Ekkehard IV., den Chronisten: «Durch sie ist die Kirche erfüllt von Freudenschauern und erhellt von Glanz… und die ganze Welt bis an ihr Ende erschallt von ihren Hymnen, Sequenzen, Tropen und Litaneien, von Gesängen aller Art und von Melodien, deren Schöpfer sie sind.»
Man ist versucht sich auszumalen, wie die Hallelujas aus St. Gallen sich in der christlichen Welt des Frühmittelalters so verbreiteten wie der Jazz oder die Songs der Beatles im 20. Jahrhundert. St. Gallen, als Einsiedelei mit Bedacht weitab der Strassen gewählt, hat sich immer wieder einen weltweiten Ruf zu schaffen gewusst. Auch heute noch beherbergt die Stadt trotz aller Zentrumsferne und Ab-

geschiedenheit eine Universität für Wirtschafts-, Rechts- und Sozialwissenschaften, deren liberale Lehrinhalte bis nach Amerika und Asien dringen.

Die Gründungsgeschichte ist leidlich bekannt: Der Dichter- und Musikermönch Kolumban hat mit einem Dutzend Gefährten sein Kloster Bangor verlassen, um in Gallien zu missionieren. In den Vogesen hat er Klöster gegründet, in denen mit Gebet, Studium und Handarbeit die keltische Tradition des Christentums gelebt wird. Von der Merowinger-Königin Brunichild, der sein erfolgreiches Wirken nicht behagt, von dort vertrieben, gelangt er in alemannisches Gebiet, das nach dem Fall des Römischen Reiches wieder heidnisch geworden ist. Er fordert den von den wilden Sueben angebeteten Wotan heraus, zündet einen Tempel an und wirft Götzenbilder ins Wasser.

Abermals vertrieben, hält er sich eine Zeitlang in Arbon am Bodensee auf, wo sich eine christliche Oase in der Ostschweiz erhalten hat. Er zieht dann weiter nach Bregenz und begründet dort unter den Resten einer aufgegebenen Christianisierung eine Bleibe, bevor er, von den Schergen der intoleranten Brunichild weiterhin verfolgt, nach Italien flüchtet. Alle seine Gefährten gehen mit ihm, ausser Gallus, den ein heftiges Fieber befallen hat. Hier setzt die Geschichte des heiligen Gallus ein. In Bregenz hat er das einheimische Idiom gelernt. Als er im Wald von Arbon eine Einsiedelei sucht, handelt er sie mit einem Bären aus: Das Tier erhält ein Brot und soll dafür einen Baumstamm ins Feuer werfen, auf dem die Fische braten werden. «Der erste Bund der Schweizer Geschichte», so formuliert hübsch der Historiker Alfred Berchtold.

Von der Gründungsfabel zeugt eine kleine vom Mönch Tuotilo gefertigte Elfenbeinschnitzerei im St. Galler Klosterschatz. Sie zeigt einen stehenden Bären, aufrecht wie der Mensch – «im Gegensatz zum Berner Bären», wie Berchtold vermerkt. Drei junge Männer schliessen sich dem Heiligen an, zwölf andere folgen. In ländlicher Unbeschwertheit leben sie hier bis etwa 646, dem vermutlichen Todesjahr des Gallus. Die Jünger bleiben in der Einsiedelei, um sein Werk fortzusetzen. Doch ein örtlicher Adliger begehrt ihr einziges Gut, den Leichnam des Gallus. Ein anderer beschützt ihn, indem er einen Abt bestellt, der die Kapelle wieder aufbauen und ein Kloster gründen soll. Otmar, so heisst der Abt, macht seine Arbeit so gut, dass man am Hof aufmerksam wird und die Schenkungen zu strömen beginnen: Geld, Ländereien, Weinberge, Felder, Niessbrauch- und Nutzungsrechte, Besitztümer aller Art, samt zugehörigen Leibeigenen und deren Abgaben in Form von Frondiensten und Naturalien. Die Reichen spenden, um sich von ihren Sünden loszukaufen, und die Armen bieten ihre Arbeit an, um gräflicher oder anderweitiger Knechtschaft zu entkommen.

Eine Abtei ist geboren. Sie baut, organisiert sich. Die Kirche mit dem Altar und dem Grab des heiligen Gallus ist das Zentrum, daneben entstehen Skriptorium, Bibliothek und Sakristei. Die Mönche haben eine komfortable Wohnstätte mit Kapitelsaal, Refektorium und beheizten Schlafsälen. Der Abt hat sein eigenes Palais. Ausserhalb des Klosters unterhält er eine Schule, ein Fünfsternehotel für die Adligen, eine Herberge für die Pilger, ein Krankenhaus und eine Apotheke. Und rings um das Ganze haben Schuster, Sattler, Schneider, Hufschmiede, Weber, Goldschmiede und Juweliere ihre Werkstatt aufgeschlagen. Es sind die Anfänge einer Stadt, die ihre eigenen Ansprüche erheben wird. Die Faktengläubigkeit der beiden letzten Jahrhunderte verstellte teilweise den Blick für den musikalischen und dichterischen Wert des mönchischen Schaffens in St. Gallen, dem Cingria dionysische Inspiration von universeller Geltung attestiert. Gleichwohl sah man die Entwicklungslinie, die von Notker dem Stammler (Balbulus) und seinen ersten Interpretationen des römischen Antiphonales (liturgischer Wechselgang) zu den Anfängen des auf das Halleluja aufsetzenden zweistimmigen Kirchengesangs führt. Später wird sich diese Zwiesprache vom Lateinischen lösen und den

Kirchenraum verlassen, wodurch das Grundgerüst des geistlichen Spiels auf der Strasse – Osterspiel, Weihnachtsspiel – gegeben ist, aus dem schliesslich das Theater hervorgeht. In St. Gallen werden auch erstmals die solistischen Gesänge der Messe in Notenschrift festgehalten: Das St. Gallen Cantatorium ist die älteste vollständige Musikhandschrift der Welt. Das intellektuelle Wirken der Mönche insgesamt ist immer mit Hochachtung anerkannt worden: «Als Gelehrte haben sie gelehrt, als Ärzte haben sie geheilt, als Zivilisatoren haben sie der Republik notwendige Dinge beschert», schreibt um 1880 ein Westschweizer Historiker, der sich der Erbauung der Bürger der noch ganz jungen neuen Eidgenossenschaft verschrieben hat. Als Erstes haben sich die Iren die Sprache der Gegend angeeignet. Das Kloster verwahrt ein aus der Hand von Gallus stammendes erstes lateinisch-deutsches Wörterbuch auf Pergament. Die Mönche verfassen Lexika, übersetzen biblische Texte und Chroniken, schreiben Heiligenviten. Die Meteorologie beschäftigt sie, weil sie das Wetter verstehen wollen, die Geometrie begeistert sie, weil in ihr die Ordnung der Welt widerspiegelt ist und sie beim Planen der Gebäude hilft, die Astronomie weiht sie in die Geheimnisse der Tages- und Jahreszeiten

Seite 196–197: *Stiftsbibliothek St. Gallen*

ein. « Durch die Wissenschaft », sagte man von ihnen, « leuchten sie in der Welt wie Fackeln, durch die Künste verherrlichen sie Gott, Christus, Maria und die Heiligen. » Besonders fleissig betreiben die Mönche das Kopieren und Illustrieren. Im 9. Jahrhundert steht die St. Galler Schreibschule auf dem Zenit. Evangeliare und Psalterien, Monumente der Buchmalerei, verlassen das Skriptorium; die Miniaturenmaler haben ihre Glanzzeit. Die Maler sind so bewegt von dem, was sie abbilden, dass sie sich einem Fantasietaumel überlassen, der nach den Worten Cingrias von « bestürzender », « surrealistischer » Schönheit ist.

Die Zeit der Kaufleute nach der Zeit der Mönche

Um die Jahrtausendwende erschöpft sich freilich diese ganze, auf die Verpflanzung seiner selbst in ein Anderswo gerichtete irische Energie. St. Gallen als fruchtbares Exil der Wandermönche verschwindet allmählich von der Karte des vagabundierenden Schöpfergeistes, um auf der Karte der Macht und der Politik zu erscheinen. Denn Reichtum lockt den Krieg an.

926 fallen die Hunnen ein. Wenige Jahre später drohen die Sarazenen. 937 setzt ein Student das Kloster in Brand. Die Abtei überlebt die Feuers-

brunst, doch ihr Gemeinschaftsgeist hat sie verlassen. Sie bringt nicht mehr die nötige Entschiedenheit auf, um dem Spiel der politischen Kräfte im Reich mit der Kraft des Geistes zu widerstehen. Konrad II. zwingt ihr die Regel von Cluny auf, was zu heftigsten inneren Auseinandersetzungen führt. 1076 beginnt mit dem Investiturstreit zwischen Papst und Kaiser der Niedergang. Die Zahl der Mönche sinkt stark und das Kloster wird zur elitären Institution, in der nur noch Aufnahme findet, wer adliger Herkunft ist. Es treten zwar noch grosse Äbte auf, doch der aufwendige Lebensstil einerseits und der Verlust von verkauftem oder beschlagnahmtem Gutsbesitz andererseits mündet in eine wirtschaftlich prekäre Lage. Eine andere Zeit ist angebrochen, die Zeit der Städte und ihrer Bewohner. Der Name St. Gallen wird bald nicht mehr eine Fürstabtei bezeichnen, sondern eine Stadt, die sich vom Abt loslösen will.

Überspringen wir vier Jahrhunderte. Der benediktinische Arbeitseifer der Mönche hat auf das Völkchen der Handwerker abgefärbt, das im Weiler vor den Toren des Klosters die äussere Logistik besorgt. Die Handwerker werden ganz allmählich zu Kaufleuten. Sie halten einen Markt ab, dessen Kunden die Pilger sind. Unter ihnen tun sich die Weber hervor, deren Leinwand sich bis nach Spanien und Polen verkauft. Der Abt hat fast alle Rechte über sie verloren. Im Übrigen, so erzählt ohne Scheu vor Übertreibung Johannes Dierauer, einer der Begründer der Schweizer Nationalgeschichte und selbst St. Gallen, mussten der Abt und die Konventualen eines Tages bei einem offiziellen Akt zu ihrer grossen Schande eingestehen, dass sie des Schreibens unkundig waren.

Wie anderswo in der Schweiz sind die Handwerker mittlerweile in Zünften organisiert, die ihre Vorsteher in den Grossen Rat der Gemeinde entsenden. Ein Kleiner Rat erledigt die täglichen Regierungsgeschäfte, und ein Bürgermeister wird von der Gesamtheit der Bürgerschaft gewählt. So gerüstet, beginnt St. Gallen eine eigene Politik in der Region zu betreiben, es verbündet sich mit den schwäbischen Städten und beteiligt sich direkt an den Volkserhebungen, die in der Ostschweiz, in Appenzell, im Rheintal und am Bodensee auf die politische Unabhängigkeit der noch dem Abt untertanen Gemeinden abzielen. Im Dezember 1412 erhält die Stadt einen Burgrechtsvertrag mit sieben eidgenössischen Orten, die darin eine willkommene Ausweitung ihres territorialen Einflusses sehen. Dann bricht die Stadt völlig mit der Abtei, indem sie die Reformation annimmt. 1566 wird eine neun Meter hohe Mauer zwischen Kloster und Stadt errichtet. Wie in Zürich oder Genf behagen die neuen religiösen Ideen den aufgeklärten Bürgern, die sich den weltlichen Angelegenheiten zugewandt haben und nicht mehr bereit sind, die als autoritär, korrupt und botschaftslos empfundene kirchliche Autorität anzuerkennen. In St. Gallen wirbt für diese Ideen eine bedeutende Persönlichkeit: Joachim von Watt, genannt Vadian.

Anders als die Reformatoren von Genf und Zürich ist er kein Mann der Kirche, sondern ein Mann der Stadt. Er ist der Sohn eines reichen Leinenhändlers, ein Gebildeter, der mit der geistigen Bewegung der Renaissance vertraut ist. Da das Kloster keine Ausbildung mehr bietet, die diesen Namen verdienen würde, hat man ihn nach Wien geschickt, wo die von Maximilian I. geförderte humanistische Bewegung ihre Glanzzeit hat. Als Gelehrter und Arzt ist er zurückgekommen. Er hat Melanchthon und Zwingli kennengelernt, mit Letzterem ist er befreundet. Er ist gewappnet für die Rolle, die ihm zufallen wird: das Volk der Reformation zuzuführen und die Abtei zu Fall zu bringen.

Er braucht neun Jahre, angefangen von den unbeholfenen ersten Predigten einer mehr kühnen als kundigen reformierten Avantgarde im Jahre 1520 bis zu jenem Tag des Jahres 1529, an dem er, mit den Insignien des Bürgermeisters angetan, persönlich eine bewaffnete Expedition anführt, die das Kloster von sämtlichen Bildern, Statuen, Ornaten und sonstigen Kultgegenständen leer räumt.

Man denkt an Gallus und Kolumban, wie sie neun Jahrhunderte zuvor Götzenbilder ins Wasser warfen. Auch Vadian ist von seiner Mission durchdrungen.

Von allen Reformatoren ist er der Gutmütigste, auch wohl der beste Politiker, dennoch ist er nicht minder energisch. Geschickt versteht er es, das Volk mit der Autorität des Rats im Zaum zu halten und gleichzeitig den Rat mit der Volksmeinung auf Trab zu bringen. Doch auch er kann die verheerenden Folgen der Kappelerkriege von 1529 und 1531 nicht von den Reformierten abwenden: Der letzte Schiedsspruch der Tagsatzung, der « Elendsfrieden », spricht Katholiken und Reformierten in ihren jeweiligen Gemeinden die freie Religionsausübung zu. So kann der Abt in sein Kloster zurückkehren und ist wieder in seine explizit anerkannten Rechte eingesetzt.

Der von Napoleon 1803 künstlich geschaffene heutige Kanton St. Gallen verdankt dieser Episode sein seltsames konfessionelles Fleckenmuster: Die eine Gemeinde ist protestantisch, die Nachbargemeinde katholisch, diese hat möglicherweise wieder protestantische Nachbarn und so fort.

Die Stadt selbst ist trotz einiger zaghafter Restaurationsversuche reformiert geblieben. Die fromme Bürgerordnung, von Vadian eingeführt, dem Erziehung und Gesundheit seiner Leute am Herzen liegen, ist nach dem Sinn der geschäftigen Handelsstadt, die in die moderne Zeit eintreten will. Und wenn sich einmal die konfessionellen Streitigkeiten gelegt haben, sieht die Stadt auch den historischen Glanz, den ihr durch das Kloster zuwächst, während dieses in bester bürgerlicher Nachbarschaft die nötigen Mittel zu seinem Fortbestand findet. Heute steht man ehrfurchtsvoll in der 1755–1756 neu erbauten spätbarocken Kirche und betritt in Filzpantoffeln das Parkett der prächtigen Rokoko-Bibliothek, die von der UNESCO zum Weltkulturerbe erklärt wurde. Ihre 2100 Handschriften, ihre 400 vor dem Jahr 1000 geschriebenen Codices und Tausende andere, die von den Äbten der Buchkultur erworben und verwahrt wurden, haben es wahrhaftig verdient.

Im Schein des Fadens

Im tausendjährigen Streit zwischen den Kathedralen und den Rathäusern Europas hat St. Gallen die Besonderheit vorzuweisen, dass in einer Gegend, in der nur Flachs wächst, das Verkaufen von Leinwandstoffen stets höchste Priorität hatte. Im 16. Jahrhundert schliessen die Tuchhändler, die in einer eigenen, *commercium* genannten Gesellschaft organisiert sind, vorteilhafte Zollabkommen mit

den verschiedensten Partnern. So kann St. Gallen als Pächterin der Lyoner Zölle auftreten. Als 1721 die Baumwolle kommt, setzt sich die Stadt an die Spitze der europäischen Textilindustrie mit 50 000 Beschäftigten in etwa sechzig über die ganze Region verstreuten Häusern. Ein Händler, der in Lyon sah, wie eine türkische Stickerin Gold- und Silberfäden in einen Musselinstoff einzog, hat Muster davon mitgebracht, wonach sich St. Gallen auf die Stickerei spezialisiert.
Die Belle Époque kommt gerade recht: Modische Accessoires sind «in» und begehrt beim Bürgertum, was im viktorianischen England und im Frankreich der Dritten Republik gewaltige Absatzmöglichkeiten eröffnet. 1912 ist die Textilindustrie die wichtigste Exportsparte der Schweiz, noch vor der Uhren- und Maschinenindustrie. Die Hälfte der St. Galler Bevölkerung stickt. Die Frauen machen Heimarbeit, die Kinder müssen alle mitarbeiten. *Es läuft nur so gut,* sagt ein zeitgenössischer Beobachter, *weil der St. Galler Arbeiter 15% mehr arbeitet als der deutsche und 15% weniger verdient.* Die Arbeiterchronik schildert das *Jammerthal* der St. Gallen Fabrik: sehr niedrige Löhne, sehr lange Arbeitstage, streng autoritäre und paternalistische Betriebsordnung. Die Chronik der Fabrikbesitzer hingegen kennt nur die Märkte: *Sich zu helfen wissen und bereit sein, nur darauf kommt es an.*

Der Erste Weltkrieg setzt dieser Massenproduktion ein jähes Ende. Das in den Zwanzigerjahren allmählich wieder zu sich findende Europa kleidet sich schlichter. Bänder und Spitzen geraten ausser Mode. In der Stadt machen viele Betriebe Konkurs, deren Belegschaft ist ohne Arbeit. Auf dem Land verlieren die Bauernfamilien ihr Zubrot. Junge Männer und Frauen ziehen nach Zürich und Winterthur oder wandern in die USA, nach Frankreich oder nach England aus, wo durch den Krieg Bauernhöfe verwaist und viele Frauen ohne Männer sind.

In der Stadt zeugt noch etliches von der glorreichen Zeit: ein monumentaler, für die heutige Stadt überdimensionierter Bahnhof, behäbige bis wuchtige Bürgerhäuser mit Namen wie « Washington », elegante Jugendstilfassaden, die mit den arabesk verzierten, einstmals hochberühmten Erkern zu rivalisieren scheinen.

Doch St. Gallen passt sich an. Es verlagert seine Fertigkeiten in die Präzisionsmechanik, in die Optik und in die Aeronautik – der Pilot Walter Mittelholzer entwickelt die Luftfotografie und ist der erste technische Leiter der Swissair, als diese 1931 gegründet wird. Die Textilindustrie wird nicht aufgegeben, in Nischen lebt sie weiter. Die Frauenemanzipation und das fast völlige Verschwinden der Spitzenwäsche veranlasst sie, leichte Luxus-

Fein gestickte Briefmarke aus St. Gallen

stoffe wie den Organdy zu erfinden, den die Pariser Haute Couture kauft. Für den glamourösen Auftritt hält sie Pailletten bereit, die nun maschinell aufgenäht werden. Als der Sport wichtiger wird als mondäne Eleganz, entdeckt sie die Kunstfasern, so das Helanca-Garn. Die Topmanager versieht sie mit bequemen Anzügen. In der Medizin bietet sie mit Nanofibern neue Therapieperspektiven, und für die Post produziert sie gestickte Briefmarken ... Die St.Galler Firmen bleiben auf dem Textilmarkt dort präsent, wo spezielle Qualitäten benötigt werden. Ähnlich wie die im Neuenburger Jura fortlebende Uhrenindustrie greift sie auf ein über Generationen hinweg angesammeltes Wissen und Können zurück.

Dieses immer wieder auferstehende St. Gallen, das sich von Krisen schwächen, aber nie umbringen lässt, bleibt vor allem eine Stadt der Wirtschaft. Die St. Galler Hochschule für Wirtschafts-, Rechts- und Sozialwissenschaften (HSG), 1899 von den Spitzenfabrikanten als «Handelsakademie» gegründet, um das Wissen über die betrieblichen Funktionsabläufe zu vermitteln, gehört heute zu den renommiertesten Wirtschaftsuniversitäten. Ihr von Hans Ulrich 1954 begründetes Management-Institut hat eine holistische Unternehmensphilosophie entwickelt, die das wirtschaftliche, kulturelle und soziale Umfeld berücksichtigt und Studenten aus der ganzen Welt anlockt. Das «St. Galler Management-Modell» hat sich zum internationalen Markenprodukt gemausert.

Als Grenzstadt ist St. Gallen mit der jüngsten europäischen Geschichte konfrontiert worden, und sie verdankt ihr eine moralische Heldengestalt: Paul Grüninger, Polizeikommandant in den Dreissigerjahren. Vom Dienst suspendiert und 1940 verurteilt, weil er, Weisungen der Bundesrates missachtend, deutschen Juden den Grenzübertritt ermöglicht hatte, wurde er 1971 vom Staat Israel als «Gerechter aus den Völkern» ausgezeichnet. Sein Ungehorsam, der dreissig Jahre lang als strafwürdig galt und ihn vereinsamen und verarmen liess, zählt seit 1994, als auch der Bundesrat seine

Verdienste würdigte, offiziell zu den Beispielen gerechten Handelns in der Schweiz angesichts der Menschenverachtung im Zweiten Weltkrieg. Heute gibt es in St. Gallen einen Paul-Grüninger-Platz und ein Paul-Grüninger-Stadion für den FC Brühl, dessen Präsident der Polizeimann einst war.

In St. Gallen gibt es immer aufrechte Menschen, so aufrecht wie der Bär, der dem Gallus einen Baumstamm für ein Brot gibt.

Neuenburg – Neuchâtel

Schweizer Stadt, französische Stadt, Stadt der Welt

« Ich beginne ein Unternehmen, das ohne Beispiel ist und das niemand nachahmen wird », schreibt um 1769 Jean-Jacques Rousseau in den einleitenden Zeilen seiner Bekenntnisse. Diese herrliche Individualitätserklärung passt zu Neuenburg, der Stadt, in der er die Formel erfand: ein Unternehmen ohne Beispiel, das niemand nachahmen wird.

In der historischen Landschaft der Schweiz hat Neuenburg – französisch Neuchâtel – eine Randlage. Patriotisch ist es eine Schweizer Stadt, aber auch eine französische, strukturell von Frankreich geprägte Stadt. Und eine Stadt der Welt, weil zu klein, um nur sie selbst zu sein. Sie hat immer symphonisch gespielt.

Zu Beginn ein Schloss: *novum castellum*, im Königreich Niederburgund (888–1032) erwähnt mit dem Zusatz *sedem regalissimam*, was über seine Bedeutung einiges aussagt. Rudolph III. von Burgund schenkt den Ort seiner Frau Irmengarde, doch 1033 fällt er an das Reich, um zweihundert Jahre später an das Geschlecht der Fenis überzugehen. Deren Besitz wird 1218 entlang der Sprachgrenze geteilt, im Westen sorgt Berthold auf französischsprachigem Boden für den Fortbestand des Grafengeschlechts von Neuenburg, das zu Beginn des 14. Jahrhunderts praktisch den gesamten Bezirk des heutigen Neuenburg hält.

Diese Grafen haben ringsum mächtige Nachbarn: im Süden Bern, Österreich und Savoyen, im Norden die jurassischen Häuser von Chalon, Joux und Montfaucon. Doch sie kontrollieren den Jougne-Pass, der in die Champagne führt, und die Strasse des Val-de-Travers, die Bern auf dem kürzesten Wege mit Dijon verbindet. Mit grossem Geschick machen sie sich auch Verbündete, indem sie allen in der Gegend massgeblichen Herren, auch dem französischen König, ihre Huldigung darbringen. Sie verdanken dieser Politik die Unabhängigkeit der Grafschaft, die auch nach dem Erlöschen des Geschlechts im Jahre 1395 fortbesteht.

Nach dem Tod von Isabelle geht das Lehen an Konrad von Freiburg (im Breisgau) über, der die

Ansicht der Stadt Neuenburg, Farbradierung von Françoise Née nach einer Zeichnung von Alexis Nicolas Pérignon, 1770

Tochter des Seneschalls von Burgund heiratet und sich dadurch mit dem im 15. Jahrhundert glanzvollsten der französischen Häuser verbindet. Neuenburg ist nun auf Dijon ausgerichtet. Es ist eine prunkvolle Zeit, in der diese Schweizer Herren in der burgundischen Hauptstadt ihren grossen Auftritt haben. Nach dem Tod Karls des Kühnen und dem Untergang des Königreichs Burgund knüpft Neuenburg Kontakte zum Königreich Frankreich. 1504 heiratet Johanna von Hochberg, Alleinerbin der Grafschaft, Ludwig von Orléans-Longueville, Fürst französischen Geblüts. Unter der Ägide der Orléans-Longueville verfolgt Neuenburg zielstrebig seine politischen Interessen sowohl in Frankreich als auch in der Schweiz und auf dem eigenen Gebiet, für das es zusehends die Unabhängigkeit anstrebt.

Der Staatsrat, eine Regierung à la française

Die Orléans-Longueville interessieren sich nur mässig für das Geschehen in Neuenburg. Sie erwägen sogar einen Verkauf der Grafschaft an Freiburg, Bern und Solothurn, Savoyen oder sogar an die Stadt Neuenburg selbst, die aber leider kein Geld hat und zerstritten ist. Nachdem diese Versuche gescheitert sind, verwalten sie ihr Gut aus der Ferne. Sie lassen ihre Untertanen als Schweizer gelten, versehen sie aber mit französischen Institutionen, insbesondere einem Staatsrat. Auf Drängen der örtlichen Notabeln, die den Zufällen der Erbfolge nicht ausgeliefert sein wollen, verbriefen sie die Unteilbarkeit und Unveräusserlichkeit der Grafschaft.

Neuenburgs französische Periode bietet ideale Bedingungen für das Hochkommen eines oftmals geadelten Bürgertums, das sich auf dem Weg über den Staatsrat an die Schaltstellen der öffentlichen Verwaltung setzt. Dieses Bürgertum ist in Paris bestens eingeführt, es reist viel, informiert sich und nimmt Anteil an den Angelegenheiten der Welt und der Heimat.

Auf Berns Betreiben und in Abwesenheit der Lehnsherrin Johanna von Hochberg tritt Neuenburg 1530 zur Reformation über. Innerhalb weniger Wochen und völlig ohne Kämpfe. Nach der Widerrufung des Edikts von Nantes im Jahre 1685 nimmt es annähernd 20 000 hugenottische Flüchtlinge auf. Diese bleiben zum Teil und bewirken, dass die bürgerliche Elite Neuenburgs noch internationaler wird. Als Marie de Nemours, die letzte Orléans-Longueville, im Juni 1707 stirbt und der grosse Erbfolgeprozess eröffnet wird, ist dieses vornehme Bürgertum stark genug, um den Gang der Ereignisse zu bestimmen.

So klein sich Neuenburg in der politischen Landschaft des Kontinents ausnimmt, die Nachfolgefrage mobilisiert Dynastien, Fürsten und Herrschaften aus ganz Europa, die das Gleichgewicht zwischen den Kronen sehr genau beobachten. Die Bewerber sind zahlreich, unter ihnen Prinz Conti, ein Günstling dieses eroberungswütigen Ludwig XIV., der sich eben die Franche-Comté angeeignet hat, sowie Friedrich I. von Hohenzollern, König von Preussen. Von den fünfzehn Fürsten, Herzögen, Grafen und Gräfinnen können neun einen ausreichend legitimen Anspruch geltend machen. Tatsächlich geht es aber nur um die Wahl zwischen dem Franzosen und dem Deutschen, die anderen müssen mehr oder weniger die Zuschauer spielen. Ludwigs

XIV. Überheblichkeit gegenüber der Grafschaft ist nicht gut angekommen. Man fühlt sich von ihm herabgesetzt, ja bedroht. Ein Oberherr, der weit weg ist und weniger gefährlich wirkt, hat den Vorzug. Auch den Vorzug Berns. Doch die Sache ist heikel. Im verkleinerten Massstab gleicht sie dem heutigen Dilemma der Ukraine, die zu einer Schaukelpolitik zwischen dem Westen und dem Osten verdammt ist.

Die Entscheidung liegt beim ständischen Gerichtshof *Tribunal des Trois-Etats*, der zusammengesetzt ist aus vier ehemaligen Staatsräten als Vertretern des Adels (erster Stand), vier Vertretern des Klerus (zweiter Stand) und vier Bürgermeistern der Stadt (dritter Stand). Ihnen allen wird nahegelegt, sich von keinem der Bewerber einladen zu lassen und weder Geschenke entgegenzunehmen noch sich Gegenleistungen für ein willfähriges Votum versprechen zu lassen. Da alle Bewerber mit Entourage angereist sind, hat die Empfehlung durchaus ihren Sinn, auch wenn sie scheinbar ungleichmässig befolgt wurde. Am Rande der Verhandlungen, die von Juni bis Oktober 1707 dauern, nimmt die Neuenburger Bürgerschaft den einzelnen Bewerbern das Versprechen ab, dass sie im Fall eines Sieges die Gesetze, Franchisen und Verfassungen des Staates und der Körperschaften unangetastet lassen. Manche Bürger meinen sogar, man könne die

Friedrich I., Kupferstich von Étienne-Jahandier Desrochers, nach Johann Friedrich Wentzel, Anfang 18. Jahrhundert

Souveränität auf das Volk selbst übertragen, doch sie ahnen, dass eine Republik notgedrungen aristokratisch ausfallen würde, und das hält sie davon ab, weiter zu insistieren: Ein fremder Oberherr wäre nicht schlechter als ein Machtzuwachs bei den grossen Familien.

Nach Anhörung der Meinung Berns verkünden die drei Stände im November ihr Urteil: Der König von Preussen ist « unstreitig der wahre und rechtmässige Erbe ... ».

Die preussische Herrschaft ist gut für die Wirtschaft

Unter der preussischen Herrschaft bleibt das Leben in Neuenburg wie es war, ausser dass das örtliche Patriziat wie vorauszusehen gestärkt wird. Der Staatsrat regiert in paternalistischer Manier weiter, doch nunmehr über ein Fürstentum.

Die Entscheidung für Preussen zeitigt gleichwohl zwei bedeutende Folgen, die eine im Inneren, die andere nach aussen. Im Inneren verschärft die Allmacht der städtischen Oligarchie die Unzufriedenheit der Menschen und des Bürgertums des Hochjuras im Nordwesten des Kantons, zumal in der industriereichen ehemaligen Herrschaft Valangin mit Le Locle und La Chaux-de-Fonds. Als die Regierung Burgunder Weine im Fürstentum verbietet, um den Absatz der am Jurasüdfuss angebauten Weissweine zu fördern, geht das Oberland, das lieber Roten trinkt, sich in Berlin beschweren. Es ist die erste Episode im Kampf der Bergler gegen die Städter, der ein Jahrhundert später mit dem Sieg der Ersteren über die Letzteren und der Niederlage der Aristokratie enden wird.

Im Moment geht es dieser noch bestens, auch ihr Weitblick stimmt. Der Hugenotten-Flüchtling Jacques-Louis de Pourtalès, Sohn eines Kaufmanns aus den Cevennen, gründet eine Indienne-Fabrik, die sich zu einem Industrie-, Handels- und Bankenimperium internationalen Zuschnitts ausweiten wird. Überseegeschäfte, einschliesslich Sklaven- und Waffenhandel, Plantagen in der Karibik und Immobiliengeschäfte beschäftigen Hunderte von Agenten, die dabei lernen, sich auf dem Parkett einer weltweiten Wirtschaft zu bewegen. Ein anderer, David de Pury, Spross einer Neuenburger Familie, herrscht von seinem Lissaboner Wohnsitz aus über Firmen, die nicht nur mit Diamanten und Edelholz, sondern auch mit Sklaven handeln.

Andere Söhne Neuenburgs sind Bankiers in Paris, so Jean-Frédéric Perregaux oder Denis de Rougemont. Sie verweben ihre Stadt mit einer globalen Wirtschaft, zu der sie durch ihr winziges, zwischen einem geschlossenen See und einer Jurakette eingezwängtes Gebiet nicht prädestiniert war.

Und derweil sich die Bibliotheken des Patriziats mit französischen Büchern füllen, machen bedeutende Vertreter der Wissenschaften auf sich aufmerksam, etwa Louis Bourguet, Verfasser des in der Geologie epochemachenden *Traité des pétrifications*, oder Emer de Vattel, der mit seinem grossen Werk *Droit des gens* über Nacht berühmt und zum Begründer des internationalen Völkerrechts wird.

Der geistige Aufbruch im Fürstentum mit seiner Empfänglichkeit für die Ideen Europas schafft ein günstiges Klima für den Geist der Aufklärung in Literatur und Philosophie. Zahlreiche Druckereien wie die *Société typografique de Neuchâtel,* die aufrührerische Schriften und zeitgenössische Erfolgsschriftsteller verlegen, locken Gebildete und Gelehrte zuhauf an: Jean-Jacques Rousseau, Isabelle de Charrière, Pierre-Alexandre DuPeyrou, um nur einige der berühmtesten zu nennen. Sie alle tragen zur geistigen Emanzipation und zur Lockerung der Sitten bei.

Die andere Konsequenz aus der Entscheidung für den preussischen Fürsten ist der faktische Abbruch der Beziehungen zu Frankreich. Paris verweigert den Kaufleuten aus Neuenburg die Privilegien, die es den französischen Händlern gewährt, und, schlimmer noch, spricht Neuenburg den Status eines «zugewandten Ortes» der Eidgenossenschaft ab.

Ludwig XIV. hat die Entscheidung des Ständetribunals als Affront gewertet, die mit Frankreich befreundeten katholischen Orte Freiburg, Solothurn und Luzern empfinden sie als Verrat. Nur Solothurn ist bereit, seinen Burgrechtsvertrag zu erneuern. Sogar Zürich geht auf Distanz. Dem Helvetismus in Neuenburg bekommt das nicht gut.

Doch nun erscheint eine Schrift aus der Feder von Abram Pury, die beweisen soll, dass es alte und unbestreitbare Bindungen zwischen Neuenburg und den Schweizern gibt. Pury will eine alte Handschrift, die *Chronique des Chanoines*, abgeschrieben haben; sie sei, so behauptet er, eine von den Chorherren der Kollegiatskirche geführte mittelalterliche Chronik, die alle für die Bindung an die Eidgenossenschaft wichtigen Ereignisse festgehalten habe. Die Schrift kommt einem allgemeinen Zugehörigkeitsgefühl entgegen und ist sofort ein Erfolg, bis 1895 der Linguist und Staatsarchivar Arthur Piaget, Vater des Pädagogen Jean Piaget, in seiner Antrittsvorlesung an der Universität nachweist, dass es sich um eine Fälschung handelt. Diese Chronik hat also nichts bewiesen, mit Ausnahme der Vaterlandsliebe seines Verfassers.

Die preussische Oberherrschaft endet 1805 kläglich: In einem Tauschhandel verhökert Friedrich-Wilhelm III. Neuenburg gegen Hannover an Napoleon, trotz des alten Prinzips der Unveräusserbarkeit. Neuenburgs Bürger verzeihen es ihm nicht. Als der Preusse nach Napoleons Sturz 1814 wieder Oberherr wird, haben sie nur Verachtung für ihn übrig, sie haben ohnehin andere Sorgen. Vor allem wollen sie den Anschluss an die Schweiz als vollwertiger Kanton.

Die Französische Revolution zeitigt im Neuenburger Jura gewaltige Auswirkungen. Seit der Mitte des Jahrhunderts ist die Arbeiterbevölkerung um ein Mehrfaches gewachsen, wobei die Uhrenindustrie die Spitzenklöppelei abgelöst hat. Gab es 1752 noch 460 Uhrmacher, arbeiten 1791 schon 3500 Menschen in der Branche, das sind fast 8% der Bewohner. Neben Standuhren, die ihre Spezialität sind, produzieren sie in Zusammenarbeit mit den Genfer Häusern jene preisgünstigen Taschenuhren, nach denen die Gesellschaft in Europa verlangt. Für sie und mit ihnen zusammen arbeitet eine Vielzahl von Zulieferern: Vergolder, Emailleure, Steinschneider, Tischler, Metallbearbeiter. Diese kommen nicht nur aus Genf, sondern auch aus der benachbarten Franche-Comté.

In den Jahren 1791 und 1792 findet der Ruf nach Befreiung und Freiheitsrechten grossen Widerhall sowohl bei den Handwerkern als auch beim Bürgertum des Valangin, wo die untergeordnete Stellung seit jeher Erbitterung hervorruft. *Die Einwohner von La Chaux-de-Fonds sind alle Demokraten,* schreibt Louis de Montmollin in einem vom Staatsrat angeforderten Bericht. *Manche gehen so weit und sagen, dass gemäss der Menschenrechte jeder Bürger seinen Oberen gleich sei … dass die Völker das Recht*

Kostbare Taschenuhr

hätten, ihre Magistrate zu wählen und sie abzusetzen, wenn sie nicht ihren Wünschen gemäss sind.

Die Revolution hat zahlreiche Sympathisanten, es tauchen Jakobinermützen auf und Freiheitsbäume werden aufgestellt, doch sie bricht nicht aus. Der Staatsrat wacht. Aufrührer werden unnachsichtig verfolgt. Viele fliehen, in Besançon gründen sie eine nationale Uhrenfabrik. Und Frankreich hilft ihnen nicht einmal, denn der Konvent will den preussischen König schonen und ihm keinen Anlass geben, der von Österreich geführten Koalition gegen Frankreich beizutreten.

Neuenburg ist nicht direkt betroffen von den Ereignissen des Jahres 1798, die zur Besetzung der Eidgenossenschaft durch Frankreich und zur Aus-

Blick in eine Uhrmacherei

rufung der Helvetischen Republik führen. 1806 wird es auf seine Weise, die auch jetzt einmalig ist, erneut französisch, indem es nämlich von Napoleon Marschall Berthier als Souverän des eben von Preussen erworbenen Fürstentums vorgesetzt bekommt.

Doch Berthier führt in Neuenburg keineswegs das Prinzip der Revolution ein, er bestätigt im Gegenteil die politischen und richterlichen Institutionen des Ancien Régime. Er zentralisiert sogar die Macht um den Staatsrat, erhöht die Steuern und hebt für den Kaiser Truppen aus. Ungeliebt und allenfalls beim Strassenbau einige Modernisierungen hinterlassend (darunter den Jurapass Vue-des-Alpes), trauert ihm kaum jemand nach, als er nach dem Sturz Napoleons im Juni 1814 abdankt.

Über Neuenburgs Zukunft hat nun der Wiener Kongress zu befinden. Der preussische König erklärt, er wünsche sein Fürstentum zurückzuerhalten, es soll aber « eng mit der Schweiz verbunden » sein. Österreich ist einverstanden, dass es zum Schweizer Kanton unter preussischer Oberhoheit wird. Doch die eidgenössische Tagsatzung sagt Nein. Nur ein souveräner Kanton kann der Eidgenossenschaft beitreten. Also bastelt man ein Zwischending: Neuenburgs Kandidatur wird von seinem Staatsrat « souverän » angemeldet. Der Handel kommt zustande, und Neuenburg wird als Kanton und Fürstentum zum 21. Mitglied des schweizerischen Bündnisses.

Neuenburgs Bevölkerung sorgt selbst dafür, dass diese verworrene Regelung vereinfacht wird. Parallel zur Industrialisierung hat der republikanische Gedanke im nördlichen Jura an Boden gewonnen. Nach einem ersten und gescheiterten Revolutionsversuch, der mit harter Hand niedergeschlagen wird, marschieren im Februar 1848, einen Tag nach der Abdankung des französischen Königs Louis-Philippe, die Republikaner von Le Locle und La Chaux-de-Fonds nach Neuenburg. Die Aristokraten, denen die protestantischen Kantone übel-

Schloss Neuenburg, Fritz-Edouard Huguenin-Lassauguette, 1890

nehmen, dass sie sich nicht am Sonderbundskrieg beteiligen wollten, stehen ohne Verteidiger da. Der Staatsrat wird im Schloss festgesetzt, der Vertreter des Königs von Preussen aus der Stadt verwiesen. Die Republik wird ausgerufen. Bereits am 3. März anerkennt die junge Schweizerische Eidgenossenschaft die neue Regierung.

1856 bäumt sich die Monarchie ein letztes Mal auf: Preussen, das sich in seinen Rechten beschnitten fühlt, unterstützt eine royalistische Revolte, die ein Dutzend Tote verursacht. Auf Betreiben des starken bernischen Bundesrats Stämpfli beschliesst die Bundesversammlung nach bestem Wissen und Gewissen, dass eidgenössischer Beistand nur republikanisch verfassten Kantonen gewährt werden kann. Preussen trifft militärische Vorbereitungen. Die Eidgenossenschaft ebenfalls. Europa ist beunruhigt. In Paris tritt eine diplomatische Konferenz zusammen, die schliesslich Neuenburgs Unabhängigkeit von Preussen anerkennt.

Nachdem es voll und ganz schweizerisch geworden ist, wird Neuenburg die Schweiz mehr lieben als die Schweiz Neuenburg. Die Stadt und ihr Kanton stellen namhafte Bundesräte und zahlreiche hohe Beamte der Bundesverwaltung. Doch Neuenburg liegt abseits der grossen Entwicklungsachsen, beim Eisenbahn- und Strassenbau kommt es erst spät dran, und wenn die Uhrenindustrie in der Krise ist, wird gegeizt mit Unterstützung.

Nach seinen französischen Jahren, die ihm ein Regierungssystem, den preussischen Jahren, die ihm die Universität, den Jahren der Handels- und Seefahrtimperien, die ihm ein grosses Völkerkundemuseum und die Weltläufigkeit beschert haben, tritt Neuenburg bestens gerüstet in seine schweizerischen Jahre ein, die ihm Sicherheit, aber auch eine gewisse Enttäuschung bringen. Als Stadt und Kanton Neuenburg der Schweiz anzugehören, ist eindeutig lohnend, allerdings weniger einfach als gedacht.

Die Stadt unten am See betreibt in ihren Salons und im Schloss weiterhin Politik. Doch in den Kaffees des Oberlandes, in La Chaux-de-Fonds, wird die Welt neu erfunden. Dass jetzt ein Tunnel unter der Vue-des-Alpes hindurchführt, hat die Gewohnheiten im ehemaligen Fürstentum kaum verändert.

Das Tessin

Eine « italienische » Schweiz

Napoleon war es sehr recht, dass die Südrampe des Gotthardpasses der Schweiz gehörte, denn so blieb sie unter seiner Kontrolle. Mit der Mediationsakte von 1803 machte er das Tessin zum vollwertigen Schweizer Kanton und gab damit der Eidgenossenschaft ein kulturell lateinisches Territorium, das sie vor die Aufgabe stellte, eine dritte Identität zu integrieren, die schweizerisch und italienisch zugleich war. Der strategische Übergang über den Gotthard hat einmal mehr seine Prioritäten diktiert.

Vor Napoleon gab es kein « Tessin ». Die Täler dieser jenseits des Alpenhauptkamms gelegenen Region gehörten als Untertanengebiete mehreren Schweizer Kantonen, die ihnen jeweils einen mehr oder minder human regierenden « Vogt » vorsetzten. Die Gemeinden behielten allerdings unabhängig voneinander ihre eigenen Behörden und hatten ihre eigenen Gesetze, ihre Polizei, ihren Klerus, ihre Masse und Gewichte. Die Kantone, die es permanent mit einer auftrumpfenden und rachsüchtigen Kirchturmpolitik zu tun hatten, begnügten sich mit der Verwaltung ihrer Interessen und dachten nicht daran, ihre italienischen Besitzungen für irgendwelche Einigungsbestrebungen zu ermuntern. Ende des 18. Jahrhunderts lebten also die etwa 90 000 Einwohner mehr schlecht als recht von einer Subsistenzlandwirtschaft mit etwas Handwerk, zu der die Einkünfte aus dem Alpentransitverkehr und vor allem aus der massiven Emigration hinzukamen. An so etwas wie ein gemeinsames Schicksal oder eine gemeinsame Identität dachten sie gar nicht. Erst durch Frankreich gelangten sie zu einer solchen Identität, und da gehörten sie bereits zur Schweiz.

Es war alles andere als einfach. Denn die Menschen im Tessin wollten zwar «frei und Schweizer» sein, doch darüber, wie das gehen sollte, bestand keine Einigkeit. Die Städte entlang des namengebenden Flusses Tessin (Ticino), zumal Bellinzona und Locarno, fühlten sich seit Langem der schweizerischen Gotthard-Wirtschaft zugehörig und befürworteten uneingeschränkt den Beitritt zur Schweiz, sofern man ihnen bestimmte Handelsprivilegien beliess. Das südlich des Monte Ceneri gelegene Lugano hingegen sah seine Zukunft als Markt an der Grenze zu Italien und zeigte sich empfänglich für die Sirenengesänge der Cisalpinischen Republik, diesem von Napoleon nach seinem Sieg über die Österreicher (1796) geschaffenen Kunstgebilde in Norditalien. Der tief katholischen und konservativen Landbevölkerung schliesslich war nur die Abneigung gegen das Jakobinertum und den Laizismus der Französischen Revolution gemeinsam.

Auf so disparater Grundlage soll nun ein Kanton entstehen, mit einem Nord- und einem Südteil, die einander fremd oder gar feindlich gegenüberstehen, einem Ost- und einem Westteil, die nicht miteinander reden, und mit einer extrem minoritären Italianität, die ebenso schnell rebellieren wie resignieren kann, und das alles innerhalb eines weitgehend gleichgültigen Schweizer Ganzen.

Schon die Jahre unter Napoleon sind schwierig, doch die Zeit, die auf die französische Niederlage folgt, ist eine Katastrophe. Die Rückkehr der alten Aristokratien geht einher mit Autoritarismus, Vetternwirtschaft und einer Korruption, die umso schlimmere Ausmasse annimmt, als im Strassenbau grosse Vorhaben anstehen, namentlich die Fahrstrasse von Chiasso zum Gotthard. Der in der Volksmentalität seit der Zeit der Nachbarschaftsverbände verankerte Gleichheitsgedanke wird dadurch so brüskiert, dass schon sehr bald der Ruf nach Reformen laut wird. 1830 tritt eine liberale

Verfassung in Kraft. 1839 gelangt dieselbe freisinnige Partei, die die moderne Schweiz verwirklicht, für fast vier Jahrzehnte an die Macht. Nun erhält jede Gemeinde ihre Schule, es folgen Gymnasien, schliesslich vervollständigt ein Lyzeum in Lugano das Schulsystem. Männer wie Vincenzo Dalberti und Stefano Fransini, die in Mailand, diesem Schmelztiegel der Aufklärung, studiert haben, verschreiben sich ganz der Modernisierung des Tessins, in einer turbulenten Zeit voller Wahlfälschungen, Pronunciamentos und politischer Prozesse.

1847 ist das Tessin schon so schweizerisch und so stolz auf seine (freilich immer wieder bedrängten) Freiheiten, dass es mit den protestantischen Kantonen gegen jenen « Sonderbund » stimmt, den die katholisch-konservativen Kantone mit dem antiliberalen Österreich geschlossen haben. Doch als 1848 die Protestanten gesiegt haben und die föderale Einheit der Eidgenossenschaft besiegelt ist, ist dieses selbe Tessin nicht schweizerisch genug, um die neuen Selbstbeschränkungen zu akzeptieren, die sich die Kantone auferlegt haben: Mit erdrückender Stimmenmehrheit sagt der Kanton Nein zur Verfassung, weil der Zentralstaat ihm die Zolleinnahmen wegnimmt, die seine wichtigste Einkommensquelle sind. Das Tessiner Votum hat keine Auswirkungen auf die Gültigkeit des neuen Grundgesetzes, das dennoch in Kraft tritt, doch der

Bundesstaat sieht davon ab, im Tessin direkte Steuern einzuführen, da die beschlagnahmten Güter der katholischen Kirche die finanziellen Bedürfnisse decken. Die Tessiner sind Schweizer von besonderer Art. Diese besondere Vorliebe für die lokale Demokratie in ihren Dörfern und Tälern, die sie die Nähe zu den Schweizer Kantonen suchen liess, ist ein Erbe der mittelalterlichen lombardischen Bauernkultur, die der ihren verwandt war. Als die italienische Einigung mit ihrer Demokratieverheissung zur konkreten Perspektive wird, ergreifen sie deshalb leidenschaftlich Partei für die italienischen Patrioten. Obwohl die Eidgenossenschaft zur Zurückhaltung aufruft, wird Lugano zum Sammelpunkt italienischer Revolutionäre. Die Tessiner erträumen sich ein Nachbarland Italien, das die österreichische Besatzung, die Monarchie und die Bevormundung durch die katholische Kirche abgeschüttelt hat. Manche ziehen sogar selbst in den Kampf für die edle Sache, die ihr Herz bewegt und, wie sie glauben, den Handel beleben wird.

Doch als dieses Italien 1861 unter der enttäuschenden Ägide eines Königs statt eines Parlaments geeint ist, fängt es an, seine beginnende Industrialisierung durch massive Zollschranken zu schützen. Das Tessin verliert sein wichtigstes Absatzgebiet, sein zweites Vaterland, während das erste, die Schweiz, es nicht eilig hat, ihm bessere Be-

Die Revolution von 1839 in Lugano, Lithografie aus dem Buch « Ottocento ticinese » von Raffaelo Ceschi, Locarno 1986

dingungen einzuräumen. Gefangen zwischen einer gewaltigen Gebirgsbarriere im Norden und einer unüberwindlichen Wirtschaftsbarriere im Süden, steht das Tessin völlig allein da. Der industrielle Aufschwung fällt aus. Bitterkeit macht sich breit. Und mit ihr der Zweifel an der Identität: Wer sind wir? Schweizer zweiten Ranges? Italiener ohne Italien? Zu Beginn des 20. Jahrhunderts kommt es zu einer Debatte zwischen « Helvetisten » und « Italianisten ». Gleichzeitig verlassen viele Junge das Land und suchen ihren Lebenszweck und ihre Lebensgrundlage woanders.

1912 fordert der Dichter und Essayist Francesco Chiesa die Schaffung eines « Tessiner Instituts für höhere Kultur »; nur dadurch, so meint er, könne der moralischen Krankheit, an der sein Land leide, entgegengewirkt werden. « Der Tessiner lebt in der Illusion, der freie Mann schlechthin zu sein; in Wirklichkeit ist er ein Freigelassener oder Sohn eines Freigelassenen: ein Libertinus. Mit dem erschwerenden Umstand, dass er nicht durch eigenes Wollen frei geworden ist, sondern dass ihm die Freiheit blindlings zugefallen ist, herbeigeführt von Kräften, die ihm äusserlich sind ... Es haben nicht die Tessiner die Freiheit erobert, sondern die Freiheit hat die Tessiner erobert. Sie hat sie bezwungen, nicht durchdrungen ... » Chiesa beklagte den allgemeinen Mangel an Bildung, der die Tessiner dazu verleite, sich für ein verkanntes grosses Volk zu halten; sie sollen studieren, meinte er, um bescheidener und verantwortungsvoller zu werden, auch schweizerischer und italienischer. Erst 1996 wurden seine Bemühungen gekrönt mit der Eröffnung der Università der italienischen Schweiz; deren Accademia di architettura ist das Werk von Mario Botta, einem weltberühmten Tessiner, der in der Welt zu Hause und gleichwohl in seinem heimatlichen Mendrisio verwurzelt ist.

Mittlerweise haben nämlich Zeitläufe und Umstände echte « Tessiner » hervorgebracht. Die Studenten, die zuvor in ihrem Kanton keine Universität hatten, waren über die Eidgenossenschaft verstreut und hatten das dort gesprochene Deutsch oder Französisch um einen südlichen Akzent bereichert, der sie sympathisch machte. Tessiner, die sich in der Bundesverwaltung, in der Wirtschaft, in den Gewerkschaften und in den Parteien hervortaten, fungierten nebenbei als Botschafter ihres kleinen Vaterlandes, für das sie überall warben. Und irgendwann wollten Deutschweizer und Welschschweizer sehen, wie es sich in ihrer italienischen Schweiz lebte, und sie kamen hell begeistert zurück: Die Eidgenossenschaft hatte einen Garten, wo die Zitronen blühten, wo es Landschaften gab, die zum Weinen schön und sonst nirgends zu finden waren, wo die Sonne die Haut der kältegewohnten Menschen aus der Alpennordseite umschmeichelte. Es war wie Liebe auf den ersten Blick. Die Nordschweizer, und mit ihnen ziemlich viele Deutsche, träumten von einem Alterswohnsitz im warmen, blühenden Süden. Reich wie sie waren, kauften sie. Und die Tessiner, arm wie sie waren, verkauften. Es kam zu einem Grundstücks- und Häuserschacher, wie ihn dieses Land noch nicht erlebt hatte. Überall Neubauten, gute wie schlechte, und Arbeit für alle, die Italiener eingeschlossen, im Gastgewerbe oder beim Bau, denn für die neue Tourismusindustrie brauchte es eine ganze Infrastruktur: Strassen,

Autobahnen, Tunnels, Brücken, Flughafen von Lugano. Und die warmen Augustnächste boten sich an für das Filmfestival von Locarno, das seit sechzig Jahren stetig im Ansehen steigt.

In diesem ganzen Trubel und Getöse gab es auch die Angstschreie derer, die darin eine « Germanisierung » des Tessins sahen und befürchteten, das Deutsche könne die Grundlage der kantonalen Identität, das Italienische, verdrängen. Waren die Deutschweizer mit ihrer Begeisterung für die südlichen Gefilde nicht drauf und dran, den Kanton zu vereinnahmen? Bei jedem Ferienbeginn stauen sich am Nordeingang des Gotthardtunnels die Autos permanent auf fünf Kilometer Länge. Der Drang nach Italien lässt nicht nach. Die Tessiner stört oder beunruhigt es bisweilen, aber sie haben auch gute Gründe, ihren Sieg zu geniessen.

Die Barriere im Norden haben sie überwunden. Um die Barriere im Süden verhandeln sie unermüdlich mit Italien, ihre durch alle Wechselfälle hindurch perfektionierte, hohe Grenzlandkultur kommt ihnen dabei zustatten. Brenzlig wird es, als Mussolini 1926 im Rom die Macht ergreift. Der Duce erklärt, die Gefahr einer Germanisierung des Tessins sei « beunruhigend », und für ihn sei der Gotthard « die natürliche und sichere Grenze Itali-

Dorf im Tessin, Hermann Hesse

ens ». Die Tessiner nehmen die Worte nicht auf die leichte Schulter. In der italienischen Kolonie von Lugano haben sich faschistische Gruppen gebildet, sie propagieren den italienischen Irredentismus. Gleichzeitig ist die Stadt die rückwärtige Basis der meisten antifaschistischen Gruppen. « Wir sind weder Faschisten noch Antifaschisten, sondern Schweizer », erklärt diplomatisch Aussenminister Giuseppe Motta, der zufällig Tessiner und Italophile ist und zunächst durchaus Sympathien für den Duce empfand.

Die zwanzig « schwarzen Jahre » des Faschismus und des Krieges in Italien verankern bei der Tessiner Bevölkerung den Schweizer Patriotismus endgültig. Noch entschiedener als die übrige Schweiz verwirft das Tessin den Beitritt zur Europäischen Union, zu deren Gründungsmitgliedern Italien zählt. Es hat kein Vertrauen in das Italien Roms, dem es das nötige Verantwortungsbewusstsein abspricht. Was es in seinen Augen rechtfertigt, dass seine Banken massenweise steuerflüchtiges Privatkapital entgegennehmen. Sein Italien ist die Lombardei, « seine » Region die Region Mailand.

Man muss sich die praktische Situation des schweizerischen Tessins vorstellen: Ein kleiner Schweizer Kanton, geradezu fanatisch schweizerisch, und vor der Haustür eine Weltstadt von enormer Ausstrahlung, mit der man fast alles gemeinsam hat: Sprache, Kultur, Sitten, Essgewohnheiten, die Art sich zu kleiden und zu wohnen, das Klima. Mailand dominiert das Tessin. Als einziger Schweizer Kanton hat das Tessin seine Metropole im Ausland. Ohne Mailand ist das Tessin eine ländliche Talgemeinschaft. So sieht diese Südgrenze aus, die sich die Italienischschweizer ständig neu aushandeln müssen, um in den Genuss dieses besonderen Glücks zu kommen, das ihnen zugedacht ist: Lombarden in der Schweiz und Schweizer in der Lombardei zu sein.

Lausanne

Der Kanton Waadt – französisch Vaud – ist das französischsprachige Zentrum der Schweiz, « der einzige Kanton, der sie vollständig zusammenfasst », schreibt 1838 der Historiker Juste Olivier. Die Stadt Lausanne ist seit 1803 die Hauptstadt des Kantons, aber sie fasst ihn nicht zusammen. Sie hält sich sogar beim Namen zurück, der als einer der wenigen in der Schweiz nicht mit dem Kantonsnamen übereinstimmt. Als waadtländische Stadt ist Lausanne die grösste unter vielen: Moudon, Morges, Nyon, Montreux, Vevey, Yverdon ... Der Gang der Ereignisse verhalf ihr zu ihrem Rang, der zu ihrem Leidwesen Unmut und Neid hervorrief, und so vermittelt sie als Hauptstadt den zwiespältigen Eindruck, dass sie es sein muss, es auch ist, doch mit Vorbehalt. In der Geschichtsschreibung erscheint sie erstmalig unter dem Namen Lousanna als römischer Vicus und Handelsplatz am Ufer des Genfersees, wogegen Nyon und Avenches (Aventicum) im römischen Imperium einen politischen Status haben. Wohl durch Barbareneinfälle aufgeschreckt, zieht sich die Bevölkerung im 6. Jahrhundert auf den leicht zu befestigenden Felsvorsprung zurück, auf dem die heutige Altstadt steht. Der Ort gilt als vorteilhaft. Der Bischof von Aventicum, Marius, verlegt seinen Sitz dorthin.

Zur selben Zeit siedeln andere Menschen auf dem gegenüberliegenden Hügel am anderen Ufer des Flon: Le Bourg. Zwei Städte stehen sich direkt gegenüber. Die eine ist als Bischofssitz im mittelalterlichen Kaiserreich privilegiert, die andere frei und unabhängig. Es kommt auch zu Händeln. Le Bourg will den Bischofssitz, den abzugeben Lausanne nicht bereit ist.

Viel Wasser und sogar etwas Blut sind den Flon hinuntergeflossen, als die beiden 1481 schliesslich fusionieren und die Stadtgemeinde Lausanne bilden. Sie ist eine Bischofsmonarchie mit den drei Ständen Klerus, Adel und Dritter Stand. Erst regieren zwei Syndici, dann ein Bürgermeister; ihnen zur Seite steht ein Rat, der 1517 zum Rat der

Lausanne von Beaulieu aus gesehen, Françoise Guillaume Lardy

Zweihundert wird. In der Zwischenzeit sind, teils als völlige Neugründung, teils als Wiedergründung, andere Städte entstanden, unter anderen Morges, Rolle, Villeneuve und La Tour-de-Peilz durch Ludwig von Savoyen, Yverdon und Moudon durch die Zähringer. Jede Stadt hat ihren Brief, besiegelt von einem Schutzherrn, der ein Vogt, Schloss- oder Grundherr sein kann und gegen Bezahlung Freiheiten und Marktrechte gewährt. Mit Lausanne können sie sich nicht messen, doch für die Savoyer, die in der Region ehrgeizige Pläne verfolgen, sind sie nützlich.

Die Zeit unter Savoyen, zwischen Bischof und Souverän

Peter II. von Savoyen benötigt Mitte des 13. Jahrhunderts weniger als dreissig Jahre, um sich das Waadtland untertan zu machen. List, militärische Gewalt, Diplomatie, Käufe und Glück bei Erbfolgen lassen diese grosse, oft «Kleiner Karl der Grosse» genannte Gestalt des Mittelalters in den Besitz des ganzen Genferseebeckens gelangen, vom oberen Arvetal und dem Genevois im Westen bis Martigny im Osten, das er gleichzeitig mit Chillon und Thonon befestigt hat. Als er 1268 stirbt, ist Savoyen ein durchorganisierter Staat. Die Provinzen – das Waadtland ist eine von ihnen – werden von einem Vogt und einem Richter verwaltet, das Steuerwesen ist reglementiert, ebenso alle Rechte und Gewohnheiten.

Kurze Zeit, nachdem sein Bruder Philipp die Nachfolge angetreten hat, wird Rudolf von Habsburg zum römisch-deutschen König gewählt. Lausanne gerät zwischen die Fronten. Bischof Jean de Cossonay optiert für den fernen König Rudolf, also gegen die Savoyer, die ihm zu nah sind. Zusammen mit Rudolf organisiert er die legendäre Weihe der 1235 abgebrannten und inzwischen neu erbauten Kathedrale. Die Zeremonie findet am 19. Oktober 1275 statt. Sie ist so denkwürdig, dass sie in die Schulbücher eingegangen ist: König Rudolf ist mit seiner ganzen Familie, Papst Gregor X. mit sieben Kardinälen und siebzehn Bischöfen zugegen; sieben regierende Fürsten, fünfzehn Grafen sowie ungezählte Angehörige des hohen und des niederen Adels sind angereist.

Lausanne erlebt seine Glanzzeit. Als Station der Marienwallfahrt nach Rom zieht die Kathedrale grosse Pilgerströme an. Zahlreiche neue Kirchen und Klöster entstehen. Doch der Abnutzungskrieg zwischen der Stadt und dem Bischof zehrt allmählich an der Substanz. Im neuen Waadtland der Savoyer hat der Bischof auch nicht mehr die Stellung eines Ersten unter den Grundherrn. Sein Ansehen schwindet zusehends, sein wirtschaftliches Potenzial ebenfalls. Als im 14. Jahrhundert die ländlichen Gebiete verarmen und die Genfer Messen den Handelsverkehr in Nord-Süd-Richtung, der bisher in Lausanne Station machte, abziehen, verlieren die Stadt und ihr Schutzherr die beherrschende Stellung, die sie lange Zeit in der Westschweiz innehatten.

Die Zeit unter Bern,
zwischen der Kathedrale und dem Vogt

Die Reformation wird Lausanne wieder zur einstigen Rolle in der Region verhelfen, allerdings unter der Kuratel Berns. 1528, als Bern sich protestantisch erklärt, ist die neue Lehre schon ins Waadtland vorgedrungen. Der savoyische Vogt verbietet sie, und er kann sich auf die weltlichen und kirchlichen Behörden stützen. Bern schickt Guillaume Farel nach Aigle, Ollon und Les Ormonts, um seinen dortigen Untertanen die Reformation zu predigen. Die Leute wollen ihn vertreiben, doch er ist standhaft und bleibt. In Lausanne wird er beschimpft, er muss weichen. In Avenches ebenfalls. In Orbe, wo Bern mehr zu sagen hat, gelingt es besser. Die Genfer Affäre bietet Bern schliesslich den Vorwand zum Generalangriff auf die Waadtländer.

Mit dem Vertrag von Saint-Julien von 1530 hat der Graf von Savoyen versprochen, Genf nicht mehr anzugreifen. Für den Fall, dass er es dennoch tut, sieht der Vertragstext vor, dass Bern das Waadtland besetzt. Karl III. wird vertragsbrüchig. Als er mit Unterstützung des Waadtländer Adels erneut gegen Genf vorrückt, hat dort die Reformation schon fast gesiegt. Der Bischof hat die Stadt verlassen. Freiburg « die Katholische » hat das Burgrecht aufgekündigt. Frankreich, das von der Eroberung

Savoyens träumt, bietet Genf seinen Schutz an. Bern sieht dadurch seinen Einfluss gefährdet. Im Januar 1536 erklärt es Savoyen den Krieg und überrennt das Waadtland. Die dortigen Städte können sich nicht wehren. Nur das Schloss Chillon weigert sich, die Tore zu öffnen. Zwei Monate später fällt auch es.

Genf lehnt, wie bereits geschildert, Berns Schutzanerbietung für sein Gebiet dankend ab. Lausanne wird gar nicht erst vor die Wahl gestellt. Seine Bürger, die inständig gehofft hatten, den Bischof als Oberherrn loszuwerden, sehen im April 1536 mit Genugtuung, wie sein Wappen entfernt wird. Dass es sogleich durch das Berns ersetzt wird und dessen Vogt, mit allen weltlichen Vollmachten des Bischofs ausgestattet, ins Schloss einzieht, wird nicht unmittelbar als Katastrophe empfunden.

Am Ende einer hochgelehrten theologischen Disputation, bei der Farel, Viret und Calvin ihre Thesen brillant gegen einen katholischen Redner verteidigten, verlesen die hohen Herren aus Bern das Reformationsedikt. Das Waadtland, bislang savoyisch und katholisch, ist nunmehr bernisch und protestantisch. Der kostbare Kathedralschatz wird nach Bern abtransportiert. Lausanne ist nur noch Hauptort einer Vogtei.

Die Stadt hat fünf- oder sechstausend Einwohner. Sie kassiert die Klostergüter und einen Teil des

Die religiöse Disputation von Lausanne, Françoise Bocion

bischöflichen Besitzes (unter anderem die Weinberge von Lavaux), während sich Bern die Besitztümer des Bistums und des Domkapitels zuspricht. Mit einem ideologischen Feldzug wollen die Berner auch die Köpfe erobern, dazu gründen sie als Erstes eine Akademie und ein Kolleg als Ausbildungsstätten für Pastoren und Professoren. Die Schulen sind schon bald begehrt. Da die Akademie die einzige protestantisch theologische Fakultät im französischen Sprachraum aufweist, lockt sie zahlreiche Studenten aus nah und fern sowie berühmte Professoren an. Ein sich an Disziplinfragen entzündender Verwaltungskonflikt mit Bern veranlasst jedoch Pastor Viret, 1559 mit dem ganzen Professorenkollegium und einem Grossteil der Studenten nach Genf auszuweichen. In der protestantischen Welt tritt die von Calvin im Jahr darauf gegründete Genfer Akademie an die Stelle der Lausanner Akademie.

Die reformierte Intelligenzia Lausannes verkraftet jedoch den Schlag und hört nicht auf, die neuen Ideen in der Stadt und im Waadtland zu verbreiten. Dass sie dabei die Menschen erreicht hat, erweist sich, als 1588 eine von Rom und Spanien unterstützte Lausanner Verschwörergruppe bei einer pro-savoyischen Militäroperation überrascht wird. Die Verschwörer werden schnell angezeigt, einige fliehen, andere werden verurteilt.

Lausanne ist auf disziplinierte Weise protestantisch geworden, aber hatte es die Wahl? Da Bern das Aufkommen einer Industrie systematisch behindert, wird es auf geistigem Gebiet auf sich aufmerksam machen: in der Ausbildung, im Publikationswesen, in der Wissenschaft.

Die französischen Jahre, zwischen Freiheit und Unterwerfung

Das 18. Jahrhundert ist für Lausanne ein grosses. In einer gebildeten Gesellschaft, die das kritische Denken pflegt und an sich arbeitet, steht die Aufklärung hoch im Kurs. Zwar hat sich die mittelalterliche Stadt in ihren zu engen Mauern kaum verändert, doch ihre Lage und die umliegende Landschaft erregen die Bewunderung der zahlreichen Reisenden, die hierher gekommen sind, um sich am gewaltigen Schauspiel der Alpen zu weiden. Die geistigen Gemeinsamkeiten zwischen diesen neuen Besuchern und der gelehrten örtlichen Elite sichern Lausanne endgültig einen Platz in der geistig-kulturellen Landschaft Europas. Da den Bürgern Lausannes der Zugang zu den hohen politischen Ämtern verwehrt ist, verlegen sie sich auf das gesellschaftliche Leben und die Künste. Voltaire erwirbt 1756 in der Nähe von Lausanne « ein sehr schönes Haus, für den Winter », wo er sich in angenehmster Gesellschaft fühlt: « Sie werden dort viel Gesellschaft haben, und nichts wird Sie einengen », schreibt er an eine Freundin, die sich in Lausanne niederlassen möchte. « Es gibt dort viel Geist, viel Philosophie und keinerlei Aberglaube ... » Rousseau siedelt die Handlung seiner *Neuen Héloïse* im idyllischen Dreieck zwischen Lausanne, Chillon und Meillerie an, und unzählige Leser träumen davon, die Gegend zu besuchen. Mozart gibt 1766 im Rathaus ein Konzert vor siebzig Personen.

Die Patrizierfamilien haben ihren Sohn an der Universität und ihre Töchter in den kultivierten Salons: Suzanne Curchod, die spätere Madame Necker, Madame la Chanoinesse de Polier, Madame de Corcelles, Isabelle de Montolieu, Rosalie de Constant, eine Cousine von Benjamin de Constant, dem berühmtesten Schriftsteller aus Lausanne. Der Arzt Dr. Tissot ist nicht minder berühmt als in Genf Dr. Tronchin, seine adligen Klienten nicht minder international. Auf Goethes und Stendhals Spuren wandelnd, werden im nachfolgenden Jahrhundert Byron, Shelley, Lamartine und andere kommen, um in der Gegend um Ouchy ihren Spleen im schillernden See zu kühlen.

Neben dem Umgang mit solcher Prominenz, für die man Palace-Hotels und Villen bauen wird, betätigen sich die Lausanner in allerlei Gesellschaften, die sich mit moralischen, wirtschaftlichen und wissenschaftlichen Fragen befassen und die Probleme der Zeit erörtern. Andere engagieren sich in politischen Debattierclubs, wieder andere in Schützenvereinen, in denen gefragt wird, mit welchem Recht die Berner im Land sind und über alles bestimmen, « bis hin zur Damenfrisur ». Der englische Historiker Edward Gibbon, der in Lausanne seine grosse *Geschichte des Verfalls und Untergangs des Römischen Reichs verfasst,* ist beeindruckt von der *Société du printemps* (Frühlingsgesellschaft): fünfzehn bis zwanzig junge Damen aus gutem Hause, « alle einnehmend, mehrere hübsch, und zwei oder drei von vollendeter Schönheit. Sie versammelten sich fast täglich in einem ihrer Elternhäuser, ohne jede Aufsicht, nicht einmal eine Mutter oder Tante war zugegen. Inmitten von so vielen jungen Männern aus allen Ländern Europas waren sie einzig ihrer Klugheit überlassen.» Ernster sind seine Überlegungen hinsichtlich der Zukunft dieser Stadt Lausanne, deren Jugend ihn anrührt: «Was fehlt euch? Die Freiheit. Und da sie fehlt, fehlt euch alles.»

Zwar halten sich die Waadtländer brav an die Ordnung, doch sie stellen mit zunehmender Bitterkeit, aber auch mit zunehmendem Selbstbewusstsein fest, dass sie ihre Situation nicht verdienen. Als sich 1722 einige Pastoren weigerten, einem von Bern diktierten neuen Glaubensbekenntnis zuzustimmen, haben sie sich still verhalten. Sie haben sich auch nicht beteiligt, als Major Daniel Abraham Davel «auf Gottes Rat» mit seiner Truppe nach Lausanne marschierte, um für die Waadtländer Freiheit zu fordern. Er wurde von den entsetzten Ratsherren angezeigt und am 24. April in Vidy hingerichtet; seinen Tod erklärte er zum Opfer, das für die Zukunft des Waadtlands nützlich sein werde. Mag sein, dass einige Patrioten um ihn weinten, Lausanne ist jedenfalls zum Tagesgeschäft zurückgekehrt.

Fünfzig Jahre später herrscht eine andere Grundstimmung. Der aus Yverdon gebürtige Italiener Fortunato de Felice hat die *Encyclopédie* von Diderot und d'Alembert herausgebracht, in der freilich einige besonders religionskritische Artikel vom bernischen Vogt zensiert wurden. Doch die neuen Ideen haben das Waadtland erobert. Die städtischen Eliten nehmen ihren Untertanenstatus nicht mehr hin.

Die exilierten Schweizer des Club helvétique schicken aus Paris beissend scharfe Schmähschriften. Einer von ihnen, der Waadtländer Frédéric-César de La Harpe, verbreitet einen Petitionsentwurf, in dem die Regierung Berns aufgefordert wird, die Unabhängigkeit der Staaten der Waadt zu respektieren. Bern reagiert hart, es unterdrückt und demütigt seine Untertanen, um sie abzuschrecken. Der Vogt von Lausanne erhält einen Verweis, weil er zugelassen hat, dass die Erklärung der Menschen- und Bürgerrechte gedruckt erscheinen. 1790 feiert Rolle gleichwohl den Jahrestag des Bastillesturms, und 1791 wird in Lausanne die Flucht Ludwigs XVI. mit einem Bankett gefeiert. Unter den Teilnehmern befinden sich Bankiers, Magistrate, Bürger und Aristokraten, alle verurteilen einmütig die Berner Besatzung.

Bern reagiert mit einer Demütigung: Sechs Stadtverordnete müssen barhäuptig zum Schloss ziehen, wo ihnen ein strenges Edikt verlesen wird. Die Nachrichten über die Pariser Schreckensherrschaft dämpfen für eine Weile den Eifer der Waadt-

Der Major Davel vor seiner Hinrichtung, Charles Gleyre, 1850

länder Revolutionäre, doch als Napoleon nach seinem Doppelsieg über Österreich im Winter 1797 nach Lausanne kommt, empfangen ihn Mädchen, die in den Farben Frankreichs gekleidet sind und ihm kundtun, welche Hoffnungen er in den Herzen der Vaudois geweckt hat. Einen Monat später gibt das französische Direktorium bekannt, dass es das Volk des Waadtlands seinem Schutz unterstellt. Die Waadtländer Revolutionäre treten sofort in Aktion. In Lausanne tagt eine Delegiertenversammlung aus Städten und Gemeinden und ergreift die Macht des Berner Vogts. Die Legalisten, die für den Dialog sind, und die Demagogen, die es eher eilig haben, diskutieren noch miteinander. Doch als die von Frédéric-César de La Harpe und Vincent Perdonnet unterzeichneten *Instruktionen für die gewählte Volksvertretung der Lemanischen Republik* aus Paris eintreffen, ist diese Republik schon fast ausgerufen. Bern hat seine Truppen in der Gegend mobilisiert. Die Waadtländer haben nur die Truppen Frankreichs, die ebenfalls zusammengezogen werden. Ein Zwischenfall dient Ende Januar 1798 als Vorwand dafür, dass die französische Italien-Armee mit 9000 Mann in Lausanne einmarschiert. Im Februar trifft aus Paris die fertiggestellte Helvetische Verfassung ein.

Während der fünf Jahre der Helvetischen Republik ergeht es Lausanne kaum anders als den anderen Schweizer Städten, auch hier wird die französische Last schon bald drückend. Erst die Mediationsakte von 1803 eröffnet der Stadt eine echte Zukunft: Erstmals ist sie die freie Hauptstadt eines freien Kantons. Doch damit dieser neue Status sich festigt, muss der Kanton stark sein, und er kann nur stark sein, wenn Napoleon es will. Also geben sich das Waadtland und seine Hauptstadt Lausanne alle Mühe, dem französischen Kaiser zu gefallen, der Truppen braucht. « Ich beschütze gerne den Frieden Ihrer Kantone », schreibt er, « so wie ich gerne Ihre Soldaten in meinen Armeen zähle, und mein Wohlwollen Ihnen gegenüber wird immer mit den mir erwiesenen Diensten wachsen. » Fast 3400 Waadtländer dienen in den vier Schweizer Regimentern Napoleons (30 500 Mann), vom bescheidensten Offizier im Auszugsregiment bis zum hochberühmten, aus Payerne gebürtigen und aus eigenen Stücken dienenden Strategen Henri Jomini und anderen Generälen wie Amédée de La Harpe, Freund und Waffengefährte Napoleons, Jacques Dutruy aus Luins oder Jean-Daniel Boinod aus Vevey. Die Namen der Clavel, Dufresne, Thomasset und so vieler anderer hoher Offiziere sind aus dem kollektiven Gedächtnis entschwunden.

Die Waadtländer Soldaten haben einen zusätzlichen Grund, sich in den Revolutionsarmeen Frankreichs gut aufgehoben zu fühlen: Sie sind hier gleichberechtigt mit den Bernern, die ihnen bisher die Offizierslaufbahn verwehrten. « Zumindest verfolgt uns nicht mehr bis ins Ausland dieser widerwärtige Unterschied, der unser Blut viel weniger wert sein lässt als jenes der Berner », sagt 1803 der Stadtrat Henri Monod.

Der Sturz des französischen Kaisers wird für Lausanne und seinen Kanton gefährlich, denn jetzt müssen sie ihre Napoleon-Begeisterung verschwei-

Frédéric-César de La Harpe,
Marc-Antoine Arlaud

gen und deutlich machen, dass sie der Schweiz in ihrer seit zehn Jahren geltenden Aufteilung angehören wollen. Es gilt vor allem, Metternichs Österreich und die Heilige Allianz zu beschwichtigen, denn sie wollen Bern das Waadtland und den Aargau zurückgeben. Dem grossen Einfluss, den Frédéric-César de La Harpe auf den russischen Zaren ausübt, ist es zu verdanken, dass die alliierten Mächte am 2. März 1814 die Existenz von neunzehn Schweizer Kantonen anerkennen. Am 20. März nimmt die Tagsatzung von Luzern den Verzicht Berns auf den Kanton Waadt offiziell zur Kenntnis.

Die Schweizer Zeit zwischen Kanton und Bund

Wie alle Schweizer Städte steht Lausanne während der Restaurationszeit im Zeichen der Auseinandersetzung zwischen Konservativen und fortschrittlichen Liberalen, freilich in abgemilderter Form. Ganz undramatisch macht es 1830 seine liberale Revolution, die den Wahlzensus abschafft. « Alles ist ruhig, alles ist glücklich », schreibt die noch junge *Gazette de Lausanne.* Die Wirtschaft wächst, die Stadt entwickelt sich.

Hauptstadt eines ländlich geprägten Kantons zu werden, der aus instinktiver Abneigung nicht von Städtern dirigiert werden will, ist eine mühsame Angelegenheit. Die Stadt trifft auf Misstrauen und Ablehnung. Man respektiert sie, bewundert sie manchmal, mag sie aber nicht. Frédéric-César de La Harpe schreibt 1824 an seinen Zürcher Freund Paul Usteri: « Es gibt ein paar gute Entscheidungen, aber das Krebsgeschwür der Bauerndespotie frisst sich weiter, und wenn das so weitergeht, wird es, fürchte ich, schlimme Folgen haben, denn auf die Dauer wird die Ungerechtigkeit untragbar, dass der ungebildete und unselbständige Dörfler den Vorzug hat vor dem unabhängigen und gebildeten Städter. »

Als Zentrum der liberalen Opposition gegen das Restaurationsregime ist Lausanne bei der liberalen Revolution von 1831 treibende Kraft. Die Stadt beteiligt sich aktiv an der schweizerischen Einigungsbewegung. Als 1848 der Bundesstaat entsteht, wird sie als Kantonshauptstadt bestätigt, doch nun muss sie den Spagat aushalten zwischen einem freisinnig-radikalen Kanton und einem städtischen Bürgertum liberaler Tendenz, dem viel an der Entwicklung der städtischen Wirtschaft liegt. So will der Kanton nicht in Lausanne, sondern in Renens einen Bahnhof finanzieren. Lausanne siegt schliesslich, wobei das Geld entscheidet und nicht die fadenscheinigen Argumente. Als einmal die Eisenbahn da ist, kommt alles andere nach: Handel, Tourismus, Schulen, Freizeitangebote, Baugewerbe, Industrie.

Glück ist auch dabei. Als Baron Pierre de Coubertin 1919 in dieser «herrlich am Seeufer hingebreiteten, von Wäldern umkränzten, alle erdenklichen Sportmöglichkeiten bietenden» Stadt seinen Wohnsitz nimmt, macht er sie zur «Hauptstadt der olympischen Bewegung», und zur Bestätigung dieses Titels wird 1993 im Stadtteil Ouchy das olympische Museum eröffnet, ein Tourismusmagnet, der jährlich 200 000 Besucher anlockt. Mittlerweile haben die meisten internationalen Sportvereinigungen ihren Sitz in Lausanne. Die Landesausstellung

Die « Place de la Riponne » und Umgebung im 19. Jahrhundert, (anonym)

von 1964 im Stadtteil Vidy bietet Lausanne die Gelegenheit, jene Gastfreundschaft und Modernität zu entfalten, die es schon bei den jährlichen Herbstmessen bewiesen hat. Die Stadt gibt Geld aus für Theater, Musik, Oper, Kunstmuseen, als wollte sie an das künstlerische Abenteuer der *Cahiers vaudois* anknüpfen, um die sich zwischen 1914 und 1919 eine Gruppe von Schriftstellern, Malern, Musikern und Dichtern scharte, die in Kunst, Literatur und Theater gemeinsam neue Wege erprobten. Eine Glanzprobe ihres Könnens gaben sie im Herbst 1918 im Stadttheater mit der Uraufführung der *Geschichte vom Soldaten* von Igor Strawinsky;

der Text war von Charles Ferdinand Ramuz, das Bühnenbild von René Auberjonois, die musikalische Leitung hatte Ernest Ansermet. Lausanne liebt und unterstützt heute sein Béjart-Ballett so wie einst die *Ballets russes* von Djagilew. Serge Lifar verbrachte denn auch die letzten Jahre seines Lebens in Lausanne. Im Verlagswesen und in der Druckindustrie ist Lausanne in der Westschweiz heute so führend wie im frühen 18. Jahrhundert seine Druckereien, die sich trotz bernischer Zensur mit jenen Amsterdams messen konnten. Die Stadt hat Filmemacher wie Godard vorzuweisen, und die Filmliebhaber sind zahlreich genug, um die Säle zu füllen und die Kosten für eine Cinemathek zu rechtfertigen. Sie ist eine Augenweide, wie sie in Stufen und Treppen zum See hinabstrebt. Es lebt sich angenehm in ihr, und sie bemüht sich, sich wenig anmerken zu lassen von der bis heute fortbestehenden unterschwelligen Rivalität zwischen dem Schloss, wo der Kantonsstaat residiert, und dem Rathaus, wo die Gemeinde regiert – fast intaktes Relikt der alten Feindschaft zwischen Stadt und Burg, Bischof und Volk. Ins Schloss entsenden die Wähler des Kantons gewöhnlich Konservative, ins Rathaus wählen die Stimmberechtigten der Stadt meist Fortschrittliche. Aus alter Gewohnheit, doch das Vergnügen des Besuchers von auswärts beeinträchtigt das nicht.

Zum Schluss

Ein reiches, stabiles und wohlgeordnetes Land stellt sich bange Fragen – hat es Grund dazu? Droht ein ungewisses Morgen? Die Schweiz zweifelt manchmal an sich. Zum ersten Mal in ihrer Geschichte, die mit dem Jahr beginnt, als die Mamelucken mit Akkon die letzte Kreuzfahrerbastion einnahmen, sind alle ihre Nachbarn im Friedenszustand. Sie schliessen sich politisch und wirtschaftlich zur Union zusammen. Die Gegensätze zwischen den Nationen sind entschärft, die Glaubenskriege finden woanders statt, die ideologischen Konflikte haben sich mehr oder weniger erschöpft. All das müsste Grund zur Freude sein, doch die Schweiz freut sich nur halb. Denn wenn ringsum Frieden herrscht, wie soll man sich dann als « anders », « unabhängig », « neutral » definieren? Alle diese Beiwörter stammen ja aus Zeiten des Krieges, der Fremdherrschaft und der Imperien. Der Frieden in Europa ist für die Schweiz eine Art Prüfung: Soll sie ihm vertrauen und ihn mittragen, indem sie ihren Beitrag dazu leistet? Oder sollte sie, weil sie ihre Nachbarn aus leidvoller Erfahrung kennt, besser misstrauisch bleiben und in höflicher Distanz verharren? Anders gefragt: Soll sie der Europäischen Union beitreten? Weshalb? Nicht beitreten? Weshalb?

Die Frage schwingt untergründig in allen innenpolitischen Diskussionen mit. Je nachdem, ob sich die Schweiz als europäisches Land unter anderen versteht oder ob sie sich im Gegenteil von den anderen absetzt und für sich allein bleiben will, wird sie ihre gegenwärtige und zukünftige Identität anders ausrichten. Ihre Entscheidung steht noch nicht fest. Keine politische Macht wird sie in die eine oder die andere Richtung drängen, auch wenn die Europäische Union sie wahrscheinlich lieber als ihr Mitglied sehen würde. Doch starke Privatinteressen kämpfen dafür, dass sie draussen bleibt. Die einen in der Hoffnung, dass Steuer- und Bankgesetzgebung zurückhaltend bleiben, die anderen, weil sie meinen, der europäische Regionalismus sei bereits anachronistisch und vom globalen Wirtschaftsgeschehen überholt.

Doch wie immer sie sich entscheidet, ob für einen strikt nationalen oder für einen europäischen oder globalen Horizont, die Schweiz kämpft wie jedes andere Land mit den Problemen, die eine globale wirtschaftliche und kulturelle Verflechtung mit sich bringt. Ihre komplizierten und langsamen Entscheidungsfindungen sind nicht mehr dem weltweiten Wettbewerb angepasst. Die Kantone sind als politische Einheiten zu klein und rivalisieren zu sehr miteinander, als dass Lösungen im gemeinsamen Interesse des Landes schnell genug erarbeitet werden könnten. Eine tief gehende Zentralisierung, die dieses Manko beheben soll, ist im Gang. Sie vollzieht sich auf dem Verwaltungswege, die politische Welt trägt sie nicht offen mit. An der Oberfläche bewahrt und zelebriert man den Föderalismus, doch immer öfter dürfen die Kantone nur noch « völlig souverän » die Beschlüsse umsetzen, die von der Bundesverwaltung vorbereitet oder vorstrukturiert wurden. Das gilt für die weiterführenden Schulen, einst eine Domäne der Kantone, ebenso wie für das Gesundheitswesen oder die Raumplanung.

Bei dieser Sachlage können die politischen Parteien, die den Bundeskompromiss von 1848 erfunden haben und lange für ihn einstanden, die heutigen Entwicklungen nicht mehr ideologisch untermauern. Sie gehen zunehmend ihrer Substanz und ihrer Wählerschaft verlustig, zugunsten einer Rechten und einer Linken, die umso mehr Raum einnehmen. Sollte sich diese Tendenz verfestigen, hätte die Schweiz bald wechselnde Mehrheitsregierungen anstelle des gegenwärtigen Konkordanzsystems in einem Regierungskollegium, das den schönen Namen « Zauberformel » trägt, weil in ihm alle Komponenten des politischen Kräftespiels vertreten und gemeinsam verantwortlich sind.

Reformvorschläge gehen seit Anfang des 3. Jahrtausends in diese Richtung. Sie werden als unrealistisch und traditionswidrig verworfen.

Jenseits dieser innenpolitischen Sorgen beteiligt sich eine rührige Schweiz am wirtschaftlichen und kulturellen Geschehen in der Welt und brilliert in der angewandten Forschung, in der Architektur, der Grafik, der Medienkunst, der bildenden Kunst, der Museologie. Die Tessiner Architekten, die einstmals für Peter den Grossen Sankt Petersburg bauten, bauen heute zusammen mit ihren Basler Kollegen weltweit Museen, Kathedralen und Bibliotheken. Die Delegierten des Roten Kreuzes sind in 87 Ländern tätig. Heute sind auch Schweizer Soldaten im Rahmen der UNO-Mission im Kosovo stationiert. Und der einzige Schweizer General, der diesen Rang innehaben darf, verdankt sein Privileg protokollarischen Gründen: Er repräsentiert die internationale Militärmission an der entmilitarisierten Zone zwischen Nord- und Südkorea. Denn der Wunsch der Schweiz, eine Rolle zu spielen, ist mindestens ebenso stark wie ihr Wunsch, nicht Partei zu nehmen. Den Ehrgeiz, in der vordersten Reihe zu stehen, hat sie nicht eingebüsst.

In dieser Zeit, in der sich die Nationen von einer mächtigen Bewegung der Kosmopolitisierung verunsichern lassen, hegt und pflegt die Schweiz ihre identitären Paradoxe: klein und doch gross, arm und doch reich, für sich allein und doch überall gegenwärtig, neutral und doch für die gute Sache einstehend, unabhängig und doch vollkommen abhängig.

Seine Naturschönheiten offenbart das Land dem Besucher spontan und ausgiebig, doch seine Komplexität gibt es erst nach und nach preis. Willkommen!

Literaturnachweis

Der historische Überblick stützt sich auf Klassiker der Schweizer Geschichte wie:

- William Martin, *Histoire de la Suisse*, Lausanne 1980. *Geschichte der Schweiz – und der Schweizer* (Gemeinschaftswerk), 3 Bände, Basel und Frankfurt/M 1982/83.
- Ernst Gagliardi, *Geschichte der Schweiz*, Zürich 1920.
- Johannes Dierauer, *Geschichte der Schweizerischen Eidgenossenschaft*, 6 Bände, Nachdruck Bern 1967, Band 6, Stuttgart 1967.
- Edgar Bonjour, *Geschichte der schweizerischen Neutralität*, Kurzfassung, Basel 1978.
- Jean-Jacques Bouquet, *Histoire de la Suisse*, Paris 1995.
- Lukas Vischer, Lukas Schenker und Rudolf Dellsperger (Hrsg.), *Ökumenische Kirchengeschichte der Schweiz*, Freiburg (Schweiz) und Basel 1994.
- Jean-François Bergier, *Wilhelm Tell. Realität und Mythos.* Aus dem Französischen von Josef Winiger, München 1990.

- Für die Seiten über die Tell-Legende in der Welt verdankt die Autorin Wesentliches der Studie von Alfred Berchtold: *Guillaume Tell, résistant et citoyen du monde*, Carouge-Genève 2004.

- Die hier gegebene Skizze zur Wirtschaftsgeschichte ist von den Forschungsarbeiten von Jean-François Bergier inspiriert, an denen sie sich auch inhaltlich orientiert: *Die Wirtschaftsgeschichte der Schweiz, von den Anfängen bis zur Gegenwart*, 2. aktualisierte Auflage, Zürich 1990.
- Eine weitere Quelle ist die *Geschichte der Schweizer Banken. Bankier-Persönlichkeiten aus 5 Jahrhunderten*, hrsg.

von Louis H. Mottet, unter Mitarbeit von Hans Bauer, Zürich 1987.

– Die Äusserungen von ausländischen Reisenden über die Schweiz entstammen grösstenteils der von Claude Reichler und Roland Ruffieux herausgegebenen monumentalen Anthologie *Le voyage en Suisse. Anthologie des voyageurs français et européens de la Renaissance au XXe siècle*, Paris 1998.

– Die Briefstellen von William Coxe sind entnommen aus: *Travels in Switzerland. In a series of letters to William Melmoth, Esq. from William Coxe, which are added the notes and observations of Ramond [de Carbonnières]* (1802), *translated from the French*, Paris 1802.

Das Kapitel über Genf stützt sich auf:
– Paul Guichonnet (Hrsg.), *Histoire de Genève*, Lausanne 1974.
– François Ruchon, *Histoire politique de la République de Genève* (1813–1907), Genf 1952.
– Louis Binz, *Brève histoire de Genève*, Genf 1981.

– Das Kapitel über Zürich schöpft vor allem aus Gordon A. Craig, *Geld und Geist. Zürich im Zeitalter des Liberalismus* 1830–1869. Aus dem Englischen übersetzt von Karl-Heinz Siber, München 1988.

– Das Kapitel über Basel ist inspiriert von Alfred Berchtold, *Bâle et l'Europe, une histoire culturelle*, 2 Bände, Lausanne 1990.

– Die Geschichte von St. Gallen verdankt viel der vergnüglichen Lektüre des Aufsatzes von Charles Albert Cingria, «La civilisation de Saint-Gall», in: *Les Cahiers romands*

Nr. 5, Payot, Lausanne 1929, sowie einem Vortrag, den Alfred Berchtold an der Universität Genf gehalten hat.

- Wichtigste Orientierung für das Kapitel über Lausanne war die von Jean Charles Biaudet herausgegebene *Histoire de Lausanne*, Editions Privat, Toulouse 1982; darin vor allem der von Marie-Claude Jequier geschriebene Teil.
- Für Freiburg diente als Hauptquelle das von Roland Ruffieux herausgegebene Gemeinschaftswerk *Geschichte des Kantons Freiburg*, Übersetzt von Arno Aeby et al., Freiburg (Schweiz) 1981.
- Hauptreferenz für das Kapitel Neuchâtel waren die 1989 und 1991 bei den Editions Gilles Attinger, Hauterive, erschienenen Bände des Gemeinschaftswerks *Histoire du Pays de Neuchâtel*.

Bildnachweis

KANTONALES ARCHIV SCHWYZ,
Titelbild, S.38/39

BIBLIOTHÈQUE DE GENÈVE, S.4/5

KUNSTMUSEUM SOLOTHURN, S.19

MUSÉE D'ART ET D'HISTOIRE DE GENÈVE,
S.29, 33, 41, 43, 82, 107, 221

MUSÉE DES SUISSES DANS LE MONDE,
CHÂTEAU DE PENTHES, GENÈVE, S.30, 62, 104

BIBLIOTHÈQUE UNIVERSITAIRE DE
NEUCHÂTEL, S.34

HISTORISCHES MUSEUM BERN,
S.56/57, 158/159, 176

MUSÉE NATIONAL SUISSE,
CHÂTEAU DE PRANGINS, VAUD, S.64

KUNSTHAUS ZÜRICH, S.75

SCHWEIZER NATIONALBIBLIOTHEK BERN, S.81

MUSÉE DE LA CROIX-ROUGE, GENÈVE, S.87

ÉDITIONS ARMANDO DADO A LOCARNO, S.99

NESTLÉ, ARCHIVES HISTORIQUES, VEVEY
© NESTLÉ S.A./NESTEC S.A., S.101

CENTRE D'ICONOGRAFIE DE LA VILLE DE
GENÈVE, S.108, 116/117, 126/127, 132, 133, 136/137

AARGAUER KUNSTMUSEUM, AARAU, S.112

MUSÉE D'EHNOGRAFIE GENÈVE, S.60

MUSÉE DE LA REFORME, GENÈVE, S.123

BIBLIOTHÈQUE DES NATIONS-UNIES,
GENÈVE, S.139

NATIONALMUSEUM ZÜRICH,
S.142/143, 155

KUNSTMUSEUM BASEL, S.148, 150/151, 173

BURGERBIBLIOTHEK, BERN, S.165

ARCHIV DER STADT BERN, S.167

UNIVERSITÄTSBIBLIOTHEK BERN, S.168

MUSÉE D'ART ET D'HISTOIRE DE FRIBOURG,
S.180/181, 185, 186

STIFTSBIBLIOTHEK ST.GALLEN, S.196/197

MUSÉE D'ART ET D'HISTOIRE DE NEUCHÂTEL, S.211, 215, 224

MUSÉE INTERNATIONAL DE L'HORLOGERIE, LA CHAUX-DE-FONDS, S.222

FONDAZIONE HERMANN HESSE, MONTAGNOLA, TICINO, S.234

ARCHIVES DE LA VILLE DE LAUSANNE, S.239

MUSÉE CANTONAL DES BEAUX-ARTS DE LAUSANNE, S.244, 250, 253, 256

2. Auflage 2008: 168 Seiten, gebunden
CHF 38.–/€ 24.–, **ISBN 978-3-85612-168-6**

Silvano Moeckli

Das politische System der Schweiz verstehen

Wie es funktioniert – Wer partizipiert – Was resultiert

Nicht nur die Geschichte der Schweiz hat ihre Besonderheiten, sondern auch ihr politisches System. Prof. Dr. Silvano Moeckli von der Universität St.Gallen, beschreibt in seinem Werk, Entstehung und Funktion, des politischen Systems der Schweiz und analysiert seine Effizienz und Zweckmässigkeit in der heutigen Zeit. Der Autor geht auch auf aktuelle Themen, wie New Public Management, Gemeindefusion Steuerwettbewerb, demografische Herausforderung und Migration ein. Zahlreiche Grafiken erleichtern das Verständnis, dieses aufschlussreichen Werkes.